# Tu vas être papa

ISBN : 978-2-412-07681-1
Dépôt légal : janvier 2022
Imprimé en Espagne

Direction éditoriale : Marie-Anne Jost-Kotik
Responsable éditoriale : Rose-Marie Di Domenico

Édition : Lucie Drouin
Relecture : Irène Colas et Véronique Dussidour
Mise en pages : Antartik

Illustrations : Blachette

Éditions First
92, avenue de France, 75013 Paris
Tél. : 01 44 16 09 00
Fax : 01 44 16 09 01
E-mail : firstinfo@efirst.com
Site Internet : www.editionsfirst.fr

ma petite famille

# Tu vas être Papa

Cédric Rostein
*Illustré par Blachette*

FIRST
ÉDITIONS

# Sommaire

## Chapitre 2

## Accueillir l'enfant 65



## Chapitre 3

## Prendre sa place 103

Chapitre 4

## Accompagner l'enfant 137



## Conclusion 185

## Bibliographie 187

En bonus, 4 discussions entre papas à flasher aux pages 63, 101, 135 et 180.

Alors comme ça, tu vas être papa ?

# Introduction

### *« On ne naît pas père, on le devient »*

C'est joli comme phrase, n'est-ce pas ? Elle est d'ailleurs d'une rare justesse. L'expérience de la paternité est unique et propre à chaque père. Même si parfois nous nous apercevons avec plaisir et soulagement que tous ces bouleversements sont partagés par les autres, notre façon de les vivre nous est propre. Finalement on est père lorsqu'on naît père en même temps que son enfant. Et s'il y en a d'autres, c'est encore un renouveau de la paternité avec de nouveaux paramètres à prendre en compte. L'aventure d'une vie.

Ça fait classe de commencer ce livre avec une jolie phrase, rassurante, inspirante, adaptée mais tellement abstraite ! Parce que c'est bien gentil tout ça mais cela ne te dit pas grand-chose sur la réalité de ce qui t'attend lorsque tu t'apprêtes à devenir papa. Pour certains ce sera une évidence, pour d'autres un grand stress ou encore la source d'une profonde réflexion. Souvent avec la même envie, celle d'être un bon père. Alors on va se demander comment y arriver sans forcément se demander si l'objectif est réalisable. Des définitions d'un bon père, tu vas en trouver sûrement autant qu'il y a de pères. Parfois c'est celui qui donne tout pour ses enfants et leur mère, ou celui qui n'est pas là mais passe énormément de temps au travail pour nourrir sa famille, ou encore celui qui est capable d'être la figure d'autorité qui n'hésitera pas à faire le nécessaire pour corriger ses enfants, et encore bien d'autres choses.

Il y a aussi le poids de notre histoire. Le rôle du père aujourd'hui n'est pas le même qu'il y a trente ans, cent ans ou mille ans. Et puis ils font comment, les autres ?

Nous sommes pères parmi nos pairs. Dois-je faire comme eux ? C'est un sujet qui est au cœur de notre société si nous voulons proposer un monde plus juste à nos enfants. Quelle pression pour être un bon père ! Pas évident tout ça ! Bien sûr, il n'y a pas de manuel, ce serait trop facile.

Et si, finalement, c'était l'objectif, le problème ? C'est vrai, c'est quand même dingue de se dire qu'on va essayer de coller à une sorte d'idéal, partout, tout le temps et pour toute la vie... Parce que la paternité, pour le coup, ce n'est pas pour quelques semaines ou quelques mois. C'est un long chemin.

Tiens, c'est bien cette image du chemin ! Celui que l'on choisit d'emprunter et que l'on arpente sans trop savoir ce qu'on va rencontrer et avec une petite idée d'où on aimerait qu'il nous mène. Un chemin que l'on découvre au fur et à mesure en se rendant compte avec humilité que parfois on chute et parfois on court. Parfois on saute l'obstacle et parfois quelqu'un nous aide à le franchir. Parfois on se sent découragé par ses difficultés ou les remarques des gens et parfois on se sent pousser des ailes tout en dépassant ce qui nous blesse.

Il pourrait tout de même y avoir quelques balises pour nous guider. Nous permettre de nous assurer que notre façon d'arpenter le chemin nous convient même si, parfois, nous nous écartons un peu de la trajectoire « idéale ». Ce chemin, c'est celui de TA paternité. Non pas celui de LA paternité.

On pourrait dire que ce bouquin entre tes mains est un livre de développement paternel. Son but n'est pas de te dire quoi et comment faire à chaque instant, mais de t'apporter des informations et des réflexions pour t'aider à définir toi-même ton chemin de père.

Nous commencerons par essayer de prendre conscience que l'on va devenir père et de ce que cela implique dès les premiers instants. Ensuite, nous échangerons sur l'accueil de l'enfant et les premiers moments en sa compagnie. Nous poursuivrons avec la place du père auprès de l'enfant, dans le foyer et dans la société, et les enjeux qui en découlent. Nous finirons avec l'accompagnement de l'enfant que nous ne connaissons pas encore...

***Prendre conscience,***

***Accueillir l'enfant,***

***Prendre sa place,***

***Accompagner l'enfant.***

***C'est rigolo, ça fait papa !***

# Prendre conscience

Tu viens d'apprendre la bonne nouvelle et de serrer fort la future mère dans tes bras. Un peu sous le choc : les émotions se mélangent. Tu ne comprends pas tout ce qu'il se passe en toi après ces trois simples mots : je suis enceinte.

Vous en aviez parlé de ce projet bébé ! Et tu sais que tu veux être père ! Oui, tu le sais. C'est une évidence ! Mais, au fait, pourquoi est-ce une évidence ? Qu'est-ce qui a amené ce désir d'enfant ? T'es-tu déjà posé la question ? Essayons de creuser ensemble !

# Le désir d'enfant

## *Il y a ceux qui n'en veulent pas*

En France, 5 % de la population ne souhaitent pas avoir d'enfants selon l'Institut national d'études démographiques (Ined). La raison écologique est la première évoquée. Elle témoigne d'une inquiétude pour l'avenir sur le plan climatique, économique et social. Nous sommes déjà assez nombreux sur la planète ! Occupons-nous des humains qui sont déjà là avant de vouloir en rajouter...

C'est un argument qui s'entend et qui s'inscrit dans la réalité du monde d'aujourd'hui. En même temps, nous sommes aussi en droit de nous dire que les gens qui ont cette conscience écologique sont justement ceux qui pourront accompagner les futures générations vers une existence harmonieuse et respectueuse de l'environnement.

## *Et puis il y a toi, futur papa*

Et toi, qu'est-ce qui t'a poussé à passer le cap ? Quelles raisons ont amené ton désir d'enfant ?

Ces questions-là, nous les hommes, on ne se les pose pas trop. Il faut dire aussi que personne ne nous les pose... Pas d'« horloge biologique » chez nous, ni d'injonction à être père pour être reconnu comme accompli socialement. On entend encore certains hommes dire « Je lui ai fait un enfant », en parlant de la mère, bien sûr. Une position très pratique pour tirer parti du statut de père sans assumer toute la charge et la responsabilité de la parentalité, notamment durant les premières années. Fort heureusement, la société évolue et les pères avec !

Il nous faut pourtant questionner ce désir car il existe bel et bien des influences importantes sur le sujet, à commencer par une société qui considère le couple hétérosexuel avec deux enfants comme une norme. Cela pose donc la question de savoir si l'on veut faire un enfant pour être reconnu socialement. En poussant un peu plus loin, on peut aussi se demander si l'on veut un enfant par égoïsme ou par altruisme. Est-ce que l'on veut recevoir une reconnaissance sociale ?

Un amour qui nous manque ? Ou veut-on donner, tout simplement ? Essayer d'apporter le meilleur à un être et au monde ? C'est sûrement un mélange de tout cela, en fait. C'est ce qui rend les réponses à cette question de désir d'enfant si complexes !

Dans ce texte, nous allons partir du principe que toi qui lis ces lignes, tu deviens père parce que c'est ton désir, qu'il est réfléchi et que tu as conscience que c'est un engagement de toute une vie. Voyons comment cette arrivée de bébé peut se préparer et tout ce que tu vas pouvoir découvrir !

# Premières réflexions et projet de naissance

Maintenant que tu as réfléchi au « pourquoi », intéressons-nous au « comment ». Pas « comment le faire », non... mais plutôt comment se préparer et comment organiser son arrivée dans vos vies dans les meilleures conditions. Pour cela, il existe le « projet de naissance » !

Ce projet de naissance consiste à mettre par écrit les souhaits des deux parents concernant l'accouchement. Glissé dans le dossier médical, il permettra de faire connaître vos préférences au personnel soignant le jour J : position (allongée, assise...) de la maman, explication de gestes médicaux, choix ou refus de la péridurale... tout y est inscrit.

Rédiger un projet de naissance à deux permet d'installer une communication essentielle entre vous. Avoir échangé sur chaque aspect prévisible de l'accouchement est une force qui se révélera pleinement le moment venu. Alors oui, tout ne se passe pas forcément comme prévu. Cela ne vous empêche pas d'écrire ce projet et de le détailler le plus possible. Par exemple, y inscrire : « Nous voulons que le personnel médical nous dise ce qu'il se passe à chaque instant, comment et pourquoi ils font telle manipulation », cela peut vous rassurer... ou pas : d'autres préféreront ne rien anticiper. Vous pouvez retenir ceci : vous avez le droit d'avoir des envies et de les exprimer clairement.

Pour finaliser l'ensemble de vos choix, vous pouvez vous aider du site www.monprojetdenaissance.fr. Il a été créé par des professionnels et vous permet de bien noter l'ensemble de vos souhaits. Vous aurez même accès à une « to-do list » toute prête à la fin pour ne rien oublier, notamment les points administratifs ! (À noter que la prédéclaration de naissance à la mairie peut être la mission du père !) Nous allons reprendre ici les situations qui restent les plus communes : à l'hôpital et avec suivi médical.

## *L'accouchement*

Il existe bien des façons d'accoucher et, même si la pratique courante est aujourd'hui de le faire à l'hôpital, dis-toi qu'elle n'a même pas un siècle sur l'ensemble du pays ! Le début de ce changement d'usage remonte à 1952 ! Et aujourd'hui, on revient même aux habitudes d'autrefois.

« Y a plusieurs choix possibles ? Un peu comme des options sur une voiture ? » Du calme, Jean-Mimi : là, on ne parle pas de jantes alu ou de siège chauffant ! En revanche, petit conseil : vérifie si l'option climatisation est disponible dans les chambres de la maternité !

On peut déjà séparer les façons d'accoucher en deux catégories :

### L'accouchement par voie basse

C'est la naissance du bébé par les voies naturelles, c'est-à-dire à travers le bassin. Cela peut se faire à l'hôpital, à la maison (accouchement à domicile ou AAD), ou encore avec la sage-femme qui a suivi toute la grossesse (accouchement en plateau technique ou APT). Mais il faudrait un livre entier pour parler de toutes les possibilités ! Sur ce sujet, il va falloir vous renseigner ensemble.

### L'accouchement par césarienne

À ne pas négliger car cela représente environ 20 % des accouchements en France. Différentes raisons peuvent mener à une césarienne, qui reste un moment traumatisant pour la mère. Là aussi, ton rôle d'accompagnement et de soutien total est important !

Le mieux c'est… ce que vous choisirez ! Tu découvriras qu'en parentalité, dès cette préparation à la naissance, « le mieux » n'existe pas. Il y a vous, vos choix et la façon dont vous les vivez. En gardant à l'esprit deux choses : on peut se tromper, et cela ne se passe jamais exactement comme prévu !

Oui mais...

## Certains choix appartiennent à la mère

Évidemment, côté technique et accompagnement pratique, ton implication émotionnelle et ton soutien permanent envers la mère sont incontournables. Mais selon les situations, cela diffère grandement. Par exemple, sur la question de la péridurale... il faut juste se taire et laisser décider la mère ! C'est son corps, donc c'est son choix. Bien entendu, tu peux exprimer ton opinion à ce sujet, mais ton rôle est avant tout d'écouter, de comprendre et de la soutenir quelle que soit sa décision.

### Où accoucher ?

Le choix de la maternité est un choix important dans lequel de multiples facteurs peuvent entrer en ligne de compte (nous en détaillerons certains plus tard) : distance du domicile, possibilité de dormir sur place, accompagnement à l'allaitement...

Tu as peut-être déjà entendu parler de niveaux de maternité. Ce classement ne repose pas sur des critères de qualité, mais sur les soins apportés au bébé. Les établissements de niveau 1 accueillent les futures mamans dont l'accouchement ne présente *a priori* aucun risque. Ceux de niveau 2 peuvent accueillir des enfants prématurés, mais pas de prise en charge lourde. Et enfin les établissements de niveau 3 sont spécialisés dans le suivi des grossesses pathologiques ou multiples, celles dont on sait, dès la conception, qu'elles présentent un risque pour l'enfant à naître. Mais quoi qu'il arrive, les trois niveaux de maternité disposent du même bloc obstétrical et du même personnel médical.

Depuis 2013, il est aussi possible d'accoucher en maison de naissance, un établissement dirigé par des sages-femmes dans un décor intime et chaleureux, ce qui représente un bon compromis pour les femmes qui cherchent un environnement moins médicalisé mais avec une sécurité optimale en cas de complications.

## *Se faire accompagner psychologiquement*

Un élément important pour le père, comme pour la mère (notamment en post-partum), est la possibilité d'accéder à un suivi psychologique (ce n'est pas un gros mot, respire…) périnatal. Cela permet aux parents et/ou à chaque parent d'exprimer ses ressentis avant et après la naissance. Sachant que la plupart des mecs qui vont devenir père sont des désastres émotionnels, si tu en as la possibilité, profites-en à fond ! Tu y gagneras pour toi, pour la mère et surtout pour l'enfant. Les bénéfices se feront sur des années et cela te servira aussi pour accompagner les émotions de ta progéniture.

> Une fois qu'on s'est dit tout cela sur le projet de naissance, libre à vous de faire vos choix pour ce moment qui change la vie !

# Les consultations prénatales

Il y a bien des façons de préparer l'arrivée de bébé et la grande majorité des familles fait le choix de suivre les consultations prénatales prévues dans le parcours de santé en France. Bien entendu, tout cela dépendra de vos choix personnels selon le projet de naissance que vous avez déterminé.

Le Code de la santé publique français prévoit sept consultations prénatales, qui démarrent avec la première visite chez le médecin ou la sage-femme avant la fin du troisième mois de grossesse. Côté professionnel, il est à noter que ces absences sont considérées comme du temps de travail effectif pour la détermination de la durée des congés payés et pour l'ancienneté. Elles ne doivent pas entraîner une baisse de la rémunération. Le détail de ce qui se déroule pendant ces consultations est décrit avec précision sur le site de l'État : www.service-public.fr/particuliers/vosdroits/F963.

Relevons tout de même quelques moments importants dans ce parcours.

## *La première visite, avant trois mois*

Elle se fait pendant la présentation du parcours de santé, et on y aborde différents sujets administratifs. C'est aussi lors de ce rendez-vous que la première échographie (dite de datation) est prescrite.

## *La deuxième échographie (dite morphologique)*

C'est au cours du cinquième mois de grossesse que se fait la deuxième échographie pour vérifier la bonne formation du bébé et connaître son sexe, si vous en faites le choix.

## *La troisième échographie*

Celle-ci a lieu au huitième mois de grossesse pour vérifier le développement du bébé, préciser l'emplacement du placenta et la position du fœtus dans l'utérus.

Oui mais...

## L'accompagnement du père

Ok donc pour la mère, tout peut être pris en charge et l'accompagnement médical est bien présent. Mais pour le père, ça se passe comment ?

Figure-toi que même s'il est fort probable que tes contacts aux ressources humaines ne t'en parlent pas... tu as toi aussi droit à des absences ! Elles sont au nombre de trois et sont prévues dans la loi, rédigée comme suit :

*Le conjoint salarié de la femme enceinte ou la personne salariée liée à elle par un pacte civil de solidarité ou vivant maritalement avec elle bénéficie également d'une autorisation d'absence pour se rendre à trois de ces examens médicaux obligatoires au maximum**.

Comme pour la mère, ces absences n'entraînent aucune diminution de la rémunération. Elles sont assimilées à une période de travail effectif pour la détermination de la durée des congés payés ainsi que pour les droits légaux ou conventionnels acquis par le salarié au titre de son ancienneté dans l'entreprise. Là aussi, ces autorisations d'absence comprennent non seulement le temps de l'examen médical mais également le temps du trajet aller et retour. De rien, c'est cadeau !

Petite précision : ton employeur peut exiger que tu justifies ton lien avec la future mère et un certificat du médecin suivant la grossesse attestant que l'absence est liée à un examen prénatal.

* Extrait de l'article L. 1225-16 du Code du travail, modifié par la loi n° 2014-873 du 4 août 2014 (article 11), source : www.juritravail.com.

# La préparation à la naissance

À partir du septième mois de grossesse, vous bénéficiez de sept séances de préparation à la naissance, complètement prises en charge pour la mère. « Ben… et moi ? » me diras-tu. Toi, ce n'est pas encore prévu. Cela ne signifie pas pour autant que tu n'es pas concerné… bien au contraire ! D'ailleurs, ce n'est pas parce que ce n'est pas pris en charge aujourd'hui que ce ne le sera pas demain. Cela le deviendra si nous nous emparons du sujet, nous les pères et futurs pères ! Le gain en sérénité pour chaque parent est considérable lorsque cette préparation est réalisée au moins pour partie en commun.

Il y a en tout huit séances de préparation à l'accouchement prises en charge par l'Assurance maladie, à condition d'être réalisées par un médecin ou une sage-femme (en libéral ou en structure). Nous verrons cependant un peu plus loin quelques autres non remboursées ou qui peuvent être prises en charge par une mutuelle.

## Le programme de préparation

Le premier rendez-vous de ce cycle est l'entretien prénatal précoce, obligatoire depuis mai 2020. C'est un échange confidentiel pouvant être réalisé par la mère seule ou en couple. Il a pour objectif de définir vos besoins en accompagnement. C'est l'occasion de balayer plein de sujets pour bien démarrer : le projet de naissance, vos attentes, vos droits… Si vous le réalisez en couple, c'est aussi le moment pour toi de prendre la parole (après la mère, bien sûr) pour exprimer tes questions. Ne va pas jouer à « celui qui sait » alors que nous sommes tous paumés !

Chaque maternité ou professionnelle est libre de proposer son propre programme pour la suite des séances de préparation à l'accouchement. Il existe de multiples méthodes et possibilités pour faire cette préparation, qui dépendra grandement de votre projet de naissance. Globalement, les thèmes abordés sont : la grossesse, le développement du bébé, la valise de maternité, les sujets administratifs, le travail (signes de début, surveillance, déclenchement…), la césarienne, l'accueil du nouveau-né, le séjour pour la maman, l'allaitement, le retour à la maison… liste non exhaustive ! Cela te paraît sûrement énorme mais, dans l'action, ça ira !

Une séance de visite de la maternité, de la salle d'accouchement et des infrastructures est souvent prévue. Plutôt utile, voire indispensable, aussi pour le papa. Cela permet de ne pas être complètement perdu, en plus du stress, le jour J !

Concernant le type de préparation, ici aussi il existe une myriade de manières de faire ! Nous pouvons tout de même dégager quelques grandes tendances.

## Les préparations dites traditionnelles ou classiques

Tu les trouveras encore sous le nom de « préparation à l'accouchement sans douleur » ou « psychoprophylaxie obstétricale » (tu peux dire PPO). Une grande partie de la préparation est théorique et vise à comprendre l'anatomie, à découvrir les différentes étapes de la grossesse et de l'accouchement. De quoi rassurer les futures mamans inquiètes – et les pères aussi, on ne va pas se mentir ! On y apprend à respirer profondément au moment des contractions afin de mieux gérer ainsi que lors de l'expulsion. On y apprend également les positions à adopter pour soulager les douleurs dorsales et lombaires, à basculer le bassin et à prendre conscience du périnée.

## *Les préparations dites douces ou alternatives*

Sortant du schéma purement médicalisé ou allopathique, elles contiennent un ensemble de pratiques qui répondront aux besoins de parents plutôt orientés vers les médecines douces et naturelles, et aussi aux femmes les plus sportives. Voici un petit tour des activités les plus connues.

(À noter : il peut être recommandé de s'inscrire à certains cours dès le début de la grossesse afin d'être sûr d'avoir une place !)

⚠

Exception faite de la sophrologie, ces types de préparation à l'accouchement ne sont cependant pas remboursés par la Sécurité sociale.

### La méthode Bonapace

Venue du Canada et théorisée par Julie Bonapace, cette méthode a pour objectif de diminuer l'intensité des douleurs au cours de l'accouchement grâce à l'intervention du futur papa. Elle permet de donner au père ou coparent un rôle primordial puisque c'est à lui d'intervenir en exerçant des pressions avec ses doigts au niveau des mains, des pieds et du fessier sur des points d'acupuncture (mais sans les aiguilles, donc !). Le père peut aussi réaliser des massages de la région lombaire de la future maman pour soulager la douleur des contractions. Cette méthode recourt également à une technique de respiration appelée « déviation de l'attention » pour aider la mère à maîtriser la douleur. Plutôt destinée aux parents préférant un accouchement naturel et physiologique, cette méthode permet de développer le lien entre les deux parents et donne au père une présence active pour que la mère se concentre pleinement sur l'arrivée du bébé. Vous pouvez retrouver la liste des sages-femmes la pratiquant sur le site www.bonapace.com.

### L'haptonomie

Aussi appelée « science de l'affectivité », elle a pour but d'aider les parents à se lier à leur enfant à naître et de communiquer avec lui. Par le contact du ventre, les parents communiquent avec leur enfant. Cette technique donne au père une grande place, notamment lors de l'accouchement. L'haptonomie peut se pratiquer dès le quatrième mois de grossesse ou à partir du moment où vous (la mère comme le père !) pouvez bien sentir bébé bouger. Massages, caresses, pressions parviennent à modifier le tonus musculaire de la future maman et contribuent au relâchement de tous ses muscles, y compris ceux du périnée et de l'utérus. Cela lui permet de comprendre et de ressentir son bébé afin de créer un accompagnement lors de la naissance et non une simple « expulsion ».

### La préparation en piscine ou aquagym

Les femmes enceintes apprécient cette méthode car, dans l'eau, elles se sentent plus légères. L'apesanteur est donc un avantage pour ces futures mamans, qui peuvent alors effectuer les exercices avec plus de souplesse et surtout sans craindre une chute douloureuse. Parallèlement, l'immersion favorise la détente et la relaxation. Pendant ce moment d'intimité avec bébé, la future mère se prépare sereinement à la naissance. La préparation en piscine peut débuter au cinquième mois et se poursuivre jusqu'à la naissance. Chacune doit y participer à son rythme. Réalisées en petits groupes, les séances comprennent généralement des exercices de tonification et d'assouplissement du corps : pectoraux, bras, jambes et périnée sont sollicités afin de se maintenir en forme tout au long de sa grossesse et de se préparer aux différentes phases de l'accouchement. Des exercices de respiration pour optimiser le souffle, des étirements musculaires et de la relaxation complètent la séance, qui dure en moyenne une heure. Vous pouvez aussi, hors séance de préparation spécifique, vous réserver des moments de détente dans l'eau pour en profiter ensemble et renforcer le lien entre les deux parents.

## La sophrologie

Cette méthode est basée sur la prise de conscience de son corps dans le but de mieux se connaître et donc d'apprendre à mieux réagir face aux imprévus de la vie. Cette technique permet à la femme enceinte d'appréhender les changements physiques et psychologiques liés à sa grossesse en lui apprenant à contrôler ses émotions et à réduire son stress. De plus, la sophrologie peut l'aider à mieux supporter la douleur des contractions et favoriser le sommeil. Les techniques apprises seront aussi utiles après la naissance, pendant le post-partum et la récupération du corps. Les séances sont prises en charge à hauteur de 70 % si elles sont réalisées avant le septième mois de grossesse, puis à 100 %.

## Le yoga prénatal

Il s'agit d'un yoga spécifique aux femmes enceintes. Cela ressemble à un cours de yoga régulier, mais avec des postures et des exercices de respiration adaptés. Il n'est pas nécessaire d'avoir des connaissances préalables de yoga, donc même si vous n'étiez pas sportive, vous pouvez suivre un cours de yoga prénatal. Les exercices réalisés sont doux et permettent à la future maman de se maintenir en forme, d'apprendre à mieux positionner son bassin et de limiter les petites douleurs qui arrivent pendant la grossesse. C'est l'occasion de prendre conscience de son périnée et de sa respiration. Deux points très utiles pour préparer le jour J ! Les exercices de maîtrise de son souffle sont particulièrement utiles pour atténuer les douleurs des contractions. Le yoga prénatal peut être pratiqué dès les premiers mois de grossesse et le futur papa peut accompagner pour des massages ou aider lors des étirements.

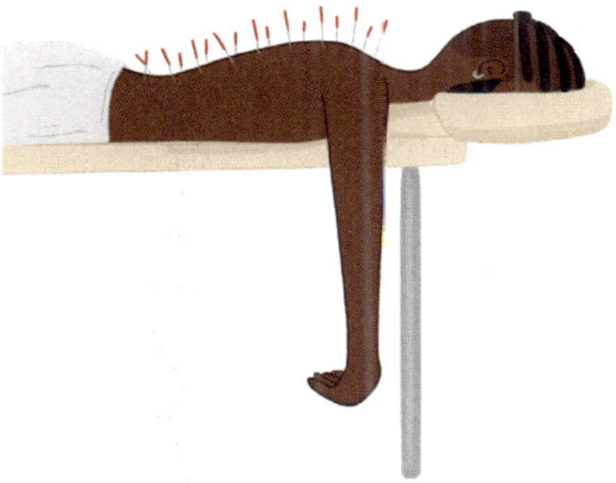

## L'acupuncture

Cette médecine douce est bien adaptée pour la grossesse, pendant laquelle certains médicaments sont déconseillés. Elle permet de soulager de nombreux malaises : nausées, migraines, problèmes de circulation sanguine… À l'aide de sept ou huit aiguilles très fines, le médecin ou la sage-femme acupunctrice stimule des points précis du corps pour traiter les maux et aussi préparer le périnée, assouplir le col ou encore apaiser les angoisses qui surviennent bien souvent quelques semaines avant l'accouchement. Chaque séance est donc assez intime et réalisée en individuel. En France, les acupuncteurs sont forcément médecin ou sage-femme (ou chirurgien-dentiste !).

## La fasciathérapie

Petite explication sur les fascias, d'abord ! Ce sont de fines membranes qui entourent les muscles, les os, les viscères, la moelle épinière ou les ligaments et qui les relient entre eux. Des massages précis avec des gestes lents sont pratiqués par des kinésithérapeutes diplômés ayant reçu une formation spécifique sur le sujet. Cette pratique permet à la femme enceinte de soulager les douleurs qui sont fréquentes au niveau du dos, du bassin et des jambes, mais aussi d'atténuer les migraines et les nausées ! La future maman développe aussi une prise de conscience approfondie de son corps, ce qui favorise un accouchement plus serein.

Comme tu peux le voir, il y a du choix en termes de pratiques ! Sachant que l'on peut aussi y ajouter des séances, non remboursées (sauf par la mutuelle éventuellement !), avec des thérapeutes manuels comme les kinésithérapeutes, les ostéopathes ou encore les chiropracteurs.

# *Les cercles de femmes et les groupes de parole*

Bien que ces moments soient très utiles pour développer le lien entre les futurs parents, il peut être aussi important pour la mère de se retrouver entre femmes pour évoquer certains sujets. La communication dans le couple parental vous permettra de choisir quels rendez-vous faire ensemble. Tu apprécieras sûrement toi aussi de participer à un groupe de parole destiné aux futurs pères. Certaines maternités ou sages-femmes libérales proposent ce genre de moments qui sont clairement libérateurs pour s'exprimer pleinement.

Pour résumer le sujet de la préparation à la naissance en une phrase, je n'ai pas trouvé mieux que celle d'une sage-femme que tu pourras retrouver sur les réseaux sociaux sous le pseudo @charline. sagefemme : « Le but de la préparation à la naissance n'est pas de vous apprendre à accoucher mais de rassurer votre cerveau sur le fait que votre corps sait le faire. »

# La doula

Peut-être ferez-vous aussi appel à une doula. Si, comme moi, avant de mettre les pieds dans la parentalité, tu n'as aucune idée de ce qu'est une doula , voici une présentation rapide ! Une doula est une femme aux côtés de la femme enceinte et de ceux qui l'entourent. C'est une professionnelle expérimentée et passionnée par la naissance. Son principal rôle est d'offrir un soutien physique et émotionnel à la femme enceinte avant, pendant et après l'accouchement.

La doula remplit un rôle qui a disparu de nos cultures occidentales avec la forte médicalisation de l'accouchement. Or, comme tu l'as sûrement déjà compris, la grossesse et la naissance n'impliquent pas que des questions de survie pour la mère et l'enfant à naître. Il s'agit aussi de se connecter à un état quasi instinctif. Le chirurgien-obstétricien français Michel Odent parle de « déconnecter le cortex préfrontal ». La doula permet cet accompagnement rempli d'écoute et d'*empouvoirement*[1] de la femme qui donne la vie. Bien souvent, elle échange aussi avec le père, toujours dans une posture d'écoute et sans jugement. Elle vient combler un vide dans notre société moderne en renouant avec notre besoin social dans ces instants si importants. Pour creuser le sujet, je te conseille le livre de Leslie Lucien, *À l'écoute de la naissance — Récit d'une doula.*

1. Traduction littérale d'*empowerment*, concept anglais mêlant confiance en soi, indépendance et acceptation.

# Le projet parental

« Nous en avons parlé ensemble et nous nous sommes dit que nous voulions faire un enfant. » Félicitations ! Comme tu l'as constaté, cette décision entraîne déjà un grand nombre de bouleversements et de changements, ne serait-ce que dans le suivi de la grossesse. Et encore, avant même la grossesse, pour certains couples, le parcours peut être vraiment difficile ! Il y a une étape qui n'est pas très développée en France et qui consiste à échanger dans le couple sur le projet parental. Vouloir faire un enfant, c'est chouette ! Accorder ses visions du rôle de parent dans le couple, franchement, c'est un net avantage !
Tu n'imagines pas le nombre de difficultés que vous allez éviter si vous échangez sur plein de sujets en amont. Tout en gardant à l'esprit un point essentiel en parentalité : il faut s'adapter en permanence. Cela se passe rarement comme prévu ! C'est pourquoi une mise au point sur les valeurs et les principes de base est vraiment importante. En se rappelant que tout le monde (enfant compris) fait de son mieux avec ce qu'il a comme ressource à un instant T.

Avant d'aller sur des exemples très concrets, je veux passer en revue quelques concepts et idées qui nous serviront de base.

## *Le maternage proximal*

Tu entendras assez rapidement parler de « maternage proximal ». Je suppose que tu vois déjà un problème… dans le mot *maternage* : le père est exclu ! Mais mets ton ego de côté et prends un peu de recul sur ce terme. Il est nommé ainsi tout simplement parce que la société a placé les mères comme premières pourvoyeuses de soins à l'enfant (on appelle ça le *care*). Certes, cela peut te choquer mais, pour le moment, c'est encore la réalité. C'est uniquement grâce à des actions individuelles et collectives que, très naturellement, la vision changera et que l'on parlera sûrement de « parentage proximal » de façon généralisée.

Sur Internet, tu trouveras souvent le mot « proximal » associé au mot « intensif ». Tout de suite, ça vend moins de rêve ! Il convient cependant de ne pas voir dans « intensif » un sens péjoratif. Il est tout à fait adapté. Dans une société où s'occuper de son enfant n'est pas valorisé et dans laquelle une tradition de distanciation s'est installée, se retrouver en proximité avec lui peut être perçu comme intensif, oui. On peut aussi le comprendre d'une autre manière. Si on part du principe que seule la mère, qui prend déjà en charge tous les sujets ayant trait à l'éducation et aux soins de l'enfant, doit adopter des comportements proximaux : effectivement, c'est « intensif » !

Après avoir expulsé une pastèque par un trou gros comme un citron, ça représente une sacrée charge ! Alors bien entendu, notre rôle de père est de faire notre possible pour alléger tout cela. Chacun son tour on câline, on prend rendez-vous chez le pédiatre ou on nettoie la maison.

Alors parlons-en, justement ! Soyons clairs et directs : l'instinct maternel, tel que perçu aujourd'hui, est une construction sociale. Il n'existe pas. Élisabeth Badinter développe le sujet dès 1980 dans son livre *L'Amour en plus* sur le sujet de l'amour maternel qui, d'après elle, n'a rien d'inné. Une approche choc pour l'époque et clairement déculpabilisante pour toutes ces mères qui ne se sentent pas touchées par cette espèce de grâce quasi divine de la maternité. Cette construction sociale permet à l'homme (en tant que groupe social) de se décharger complètement sur la femme de tout ce qui traite des soins à l'enfant.

Ce qui est quand même plutôt pratique mais pas franchement équitable. Après tout, cet enfant a été fait à deux et chaque parent l'a souhaité (dans la très grande majorité des cas).

On ne peut cependant ignorer toutes ces femmes qui expérimentent un moment de grâce à la maternité et qui parlent de tous leurs gestes comme s'ils étaient réalisés avec évidence et quelque chose de « naturel ». Nous n'allons pas ici détricoter des siècles de pratiques qui peuvent induire ces croyances mais plutôt préférer nous pencher du côté de l'anthropologie et de la physiologie. C'est ainsi qu'une sage-femme au parcours exceptionnel, Ingrid Bayot, préfère parler des « facilitateurs biologiques ou des ancrages biologiques dont la culture et l'histoire de la personne concernée peuvent favoriser ou non l'expression[1] ». Mais que veut dire cette phrase ? Pour la comprendre, nous allons prendre un peu de recul et penser l'humain en termes d'espèce.

## *Le parentage proximal, une invention contemporaine ?*

Accroche-toi pour un petit voyage dans le temps ! Notre espèce, *Homo sapiens*, est âgée de 300 000 ans (à la louche, hein). Nous étions une espèce nomade et grégaire. Tu remarqueras assez vite que le bébé *sapiens* naît avec une grande prématurité par rapport à d'autres espèces : impossible de se déplacer seul, il ne sait pas réguler sa température, il ne sait pas se nourrir seul… entre autres ! Pour survivre, un ensemble de comportements et de réactions biologiques ont été développés par notre espèce : allaitement, portage, cododo (sommeil partagé avec le parent)… chacune de ces pratiques donnant son lot de récompenses physiologiques à coups d'hormones comme l'ocytocine, la dopamine ou la prolactine. La nature étant bien faite, elle encourage les comportements visant à assurer la survie de l'espèce dans un environnement donné. Cela fait de nous des êtres sociaux, c'est-à-dire que nous ne pouvons pas survivre sans les autres. C'est ce fonctionnement qui va porter notre espèce jusqu'à sa sédentarisation au Néolithique, soit il y a environ 5 000 ans (toujours à la louche).

---

1. Source : podcast *Papatriarcat* épisode 25 avec Ingrid Bayot : « L'instinct maternel : réalités et controverses ».

Cette période marque un tournant dans les pratiques sociales et parentales, que je ne détaillerai pas ici mais que tu pourras retrouver en première partie du livre *Le Quatrième Trimestre de la grossesse* d'Ingrid Bayot. S'ensuit tout un développement de modèles sociaux, religieux, philosophiques, politiques et même médicaux qui vont amener les parents à prendre de la distance avec leurs enfants. Cela va s'intensifier avec l'ère moderne et encore plus à notre époque contemporaine.

Il est intéressant de savoir que la puériculture est née dans des orphelinats, loin des familles, et que son seul but était la survie de l'enfant, non son développement. Bien entendu, elle a évolué depuis lors mais les débuts de cette science laissent des traces aujourd'hui encore. C'est ainsi qu'au XXe siècle, on a expliqué aux familles, et surtout aux mères, comment il fallait s'occuper de leurs enfants, perdant ainsi la tradition de la transmission générationnelle.

## *Un comportement naturel, validé par des études récentes*

Comprenons-nous bien : nos connaissances modernes sont précieuses, riches, et permettent une meilleure compréhension de notre monde. Cela dit, les utiliser en respectant ce qui a permis la survie de l'espèce humaine pendant la grande majorité de son existence me semble bien plus pertinent que d'oublier ce qui a fait le job pendant 295 000 ans. Si l'espèce humaine était apparue il y a 24 heures, nous ne sommes sédentaires que depuis 24 minutes et la puériculture existe depuis 37 secondes. Peut-être pourrions-nous faire preuve d'un peu d'humilité du haut de nos connaissances pour prendre en considération des pratiques sans qui nous ne serions plus là pour les évoquer.

Fort heureusement, depuis quelques années, des recherches et études se penchent sur les comportements dits proximaux. Il apparaît que ces pratiques permettent de créer du lien et déclenchent des réactions physiologiques avec des circuits de récompense pour le parent comme pour l'enfant, et cela indépendamment de son sexe ou de son genre.

Bien entendu, il sera plus ou moins facile pour chaque personne de développer ces comportements en fonction de son bagage culturel et de son environnement. Cela balaie la notion d'instinct qui voudrait que toutes ces réactions soient universelles et évidentes pour toutes les femmes.

> Tu as maintenant tous les arguments pour expliquer que l'instinct maternel n'existe pas, mais qu'il ne faut pas pour autant rejeter les pratiques et les comportements qui lui ont été attribués à tort. Tu viens aussi de perdre une belle excuse pour ne pas t'engager dans des comportements proximaux !

Nous allons maintenant aborder quelques sujets connus comme très clivants en parentalité : l'allaitement, les couches, le portage et le cododo. Que ce soit dans la vraie vie ou (beaucoup) sur les réseaux, concernant ces sujets tu verras souvent le message : « Dans quelle *team* es-tu ? » À titre personnel, je trouve ces formulations très éloignées de la réalité des parents, faite de nuances. Elles ont tendance à situer les gens dans des groupes qui s'opposent, alors que nous avons tous et toutes une même optique : faire de notre mieux avec et pour nos enfants.

Alors n'attendons pas plus longtemps pour commencer à en parler et entrer dans le vif du sujet. Voici quelques points sur lesquels vous aurez sûrement matière à échanger au sein de votre couple parental.

# L'allaitement au sein

Pour commencer, bien que ce soit vraiment chouette pour un père de se renseigner et de s'impliquer sur le sujet de l'allaitement, rappelons-nous bien qu'il s'agit du corps de la mère. Même s'il y a différentes configurations possibles pour l'accompagner, c'est son corps, donc c'est son choix. Cela dit, tu t'apercevras assez vite que sur ce sujet, quelle que soit la décision prise, les avis non sollicités et autres critiques ne vont pas manquer ! Un de tes rôles d'accompagnant (allaitement ou non) sera de soutenir le choix de la mère.

## Petit topo sur les hormones

L'allaitement est ce qui est prévu par l'espèce pour nourrir le bébé. Il s'adapte continuellement aux besoins de l'enfant et il hérite de mécanismes physiologiques bien plus anciens qu'*Homo sapiens*. Je vais te parler rapidement des hormones, qui sont incontournables concernant l'allaitement :

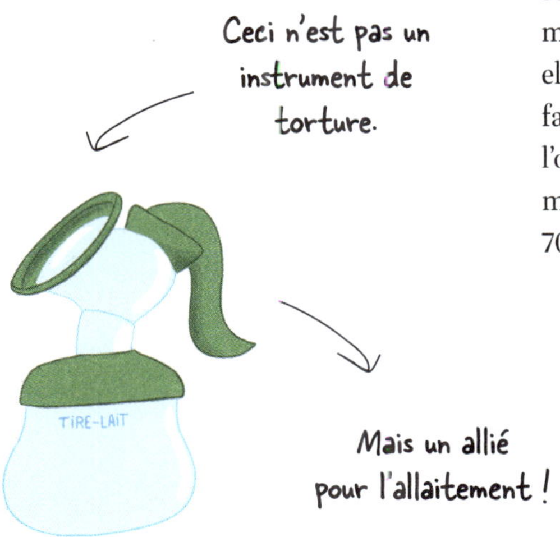


### L'ocytocine

Aussi appelée hormone de l'amour ou du bonheur (!), elle joue un rôle dans toutes les relations d'attachement – que ce soit entre un parent et son enfant ou dans le couple. Père ou mère, elle est sécrétée lors des comportements proximaux comme le câlin ou la tétée. Elle est aussi présente lors des rapports sexuels. Chez l'homme, elle permet notamment l'éjection du sperme. Chez la femme, elle favorise les contractions de l'utérus pour faire remonter les spermatozoïdes jusqu'à l'ovule, comme pour déclencher l'accouchement. On estime qu'elle est apparue il y a 700 millions d'années (rien que ça !).

### La prolactine

Cette hormone fait beaucoup de choses : on lui attribue un rôle dans 85 actions biologiques ! Son rôle principal est de déclencher et de maintenir la lactation après l'accouchement. Elle a aussi la vertu d'accélérer le passage au sommeil, ce qui permet à certaines personnes de se rendormir presque instantanément après une tétée. On la retrouve elle aussi dans l'activité sexuelle et elle est aussi présente chez l'homme ! Produite en masse après un orgasme, elle a un effet d'endormissement (voilà, ce n'est pas ta faute si tu t'endors après un rapport !).

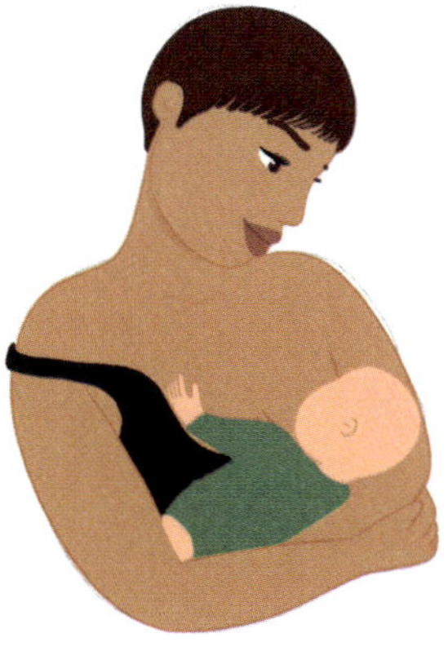

### Le cortisol

Le cocktail de ces deux hormones (ocytocine et prolactine) permet de faire baisser le taux de cortisol dans le corps. Arrêtons-nous un instant sur la définition de ce dernier, dont nous reparlerons plusieurs fois !

Bien qu'il ait mauvaise réputation (« l'hormone du stress »), la présence du cortisol est tout à fait normale et son rôle est important. Il est utile pour métaboliser les glucides, les protéines et les lipides et aide à la régulation de la glycémie en favorisant la synthèse du glucose *via* le foie. Malgré ce qu'on peut lire un peu partout, sa mission est de nous aider à contrôler le stress pour rediriger l'énergie vers notre cerveau, nos muscles et bien sûr notre cœur. Nous sommes programmés pour en produire une certaine quantité, et davantage dans les situations de danger. En revanche, une production forte de façon répétée et prolongée peut avoir un effet toxique. Par exemple, l'un de ces effets est de rendre plus difficile la production d'ocytocine ou de prolactine. Comme souvent en parentalité, tout est une question d'équilibre.

### Les bienfaits de l'allaitement au sein pour les bébés

Voilà quelques bonnes bases pour comprendre ce qu'il peut se passer lors d'une tétée. Il faut aussi savoir que le shoot d'hormones se produit aussi chez l'enfant. Pendant bien trop longtemps, le nourrisson a été considéré comme un estomac doté d'alarmes et de systèmes d'évacuation qu'il faut remplir en quantité mesurée et mesurable. Or nous savons clairement aujourd'hui que le développement de l'enfant tient à bien d'autres choses qu'à sa simple nutrition. Ce contact avec la mère favorise un bon développement de l'enfant, tant sur le plan psychique que physique. Mais ce n'est pas tout ! L'allaitement permet aussi de favoriser la relation mère-enfant et a d'autres vertus comme, par exemple, une meilleure immunité car il permet à la mère de transmettre ses propres anticorps à l'enfant. Chose incroyable, bébé transmet de son côté dans sa salive, *via* le mamelon, ses besoins en anticorps que la mère va produire et qui se retrouveront dans le lait vingt minutes plus tard !!!

### Les consultantes en lactation

Pour la mère, selon les situations personnelles et l'accompagnement, l'allaitement exclusif peut être compliqué à mettre en place. Je ne saurais que trop vous recommander de rencontrer ensemble une consultante en lactation certifiée IBCLC (International Board Certified Lactation Consultant), avant l'arrivée de l'enfant, pour faire le point sur le projet d'allaitement, exclusif ou non ! Bien que l'allaitement soit naturel, il ne va pas forcément de soi. Ces consultantes ont la compétence pour accompagner tous les types de projet d'allaitement. Tu pourras retrouver la liste des consultantes en lactation IBCLC sur www.consultants-lactation.org/annuaire-des-ibclc. Malheureusement, ces consultations sont non remboursées par la Sécurité sociale.

Sache qu'il n'y a pas un allaitement qui ressemble à un autre. Tu peux d'ailleurs écouter des récits de mères allaitantes et de pères accompagnants sur le podcast *Milkshaker*. À titre personnel, j'ai retenu le sentiment de puissance et de confiance que peuvent avoir les mères qui pratiquent l'allaitement exclusif et qui se sentent capables de nourrir leur enfant grâce à leur corps.

Astuce

## C'est l'occasion de s'impliquer !

« Ah ! Parce que j'ai un rôle à jouer, moi ? » Tu n'imagines pas à quel point ! Le soutien est un élément clé pour un allaitement réussi. D'ailleurs, ça vaut aussi pour une utilisation exclusive du biberon ! Sur l'allaitement, tu peux prendre soin de la mère : bons petits plats ou boissons, massages, tâches ménagères... ou, bien sûr, prendre l'enfant en charge en dehors des tétées ! À toi les plaisirs des shoots d'hormones pendant un « peau-à-peau » ! Concernant l'allaitement, prendre soin de la mère (lui apporter de l'eau pendant la tétée, qui en consomme beaucoup, par exemple), c'est prendre soin de l'enfant (les besoins de la mère étant satisfaits, elle peut être disponible pour ceux de l'enfant). Ce dernier a avant tout besoin de parents qui vont bien. Pour cela, il faut aussi savoir s'écouter, s'adapter et réajuster les comportements au besoin.

Pour faire le tour, il me semble important de parler de l'influence du mouvement féministe égalitariste au XX^e^ siècle voulant que l'homme et la femme aient exactement les mêmes rôles. Aujourd'hui, on comprend que l'on peut lutter contre les stéréotypes de genre tout en acceptant une certaine réalité biologique. L'allaitement est une charge supplémentaire, fatigante et forcément portée par la mère, qui vient s'ajouter à l'ensemble de celles du foyer. Un de tes rôles sera donc d'être actif dans une répartition équitable de ces charges !

L'Organisation mondiale de la santé (OMS) recommande « l'allaitement maternel exclusif pendant les six premiers mois de la vie, et la poursuite de l'allaitement jusqu'à l'âge de deux ans, voire au-delà en fonction du souhait des mères ».

Un mot important dans cette phrase est le mot « exclusif », qui concerne les six premiers mois. Ensuite, l'allaitement au sein peut continuer en même temps que la diversification. La recommandation de l'OMS est bien de deux ans mais dans la pratique, en France, on dit souvent qu'il « faut » allaiter pendant six mois, y compris chez les professionnels de santé. Dans notre pays, on considère que passé ce délai, il s'agit d'un allaitement « long ». Nous parlerons ici plutôt d'allaitement non écourté. Il convient de rappeler que la norme de notre espèce situe une fin d'allaitement entre l'âge de quatre et sept ans !

Pourtant, en France, la durée moyenne d'un allaitement au sein est de quatre mois… alors qu'un pays comme la Suède compte 72 % d'enfants allaités au-delà de six mois. Un positionnement plutôt absurde quand on sait qu'une politique publique facilitant l'allaitement exclusif jusqu'à six mois permet de réaliser des économies. Eh oui : cela ferait baisser significativement les maladies courantes du nourrisson. En termes de santé publique, tout le monde y gagne.

Merci de poser la question ! La réponse est complexe mais je vais tenter d'apporter quelques éléments pour t'éclairer.

**Le congé maternité**

Premier point, la durée du congé maternité est clairement un élément pénalisant. Dans les premiers mois, l'allaitement se fait « à la demande » et son démarrage comme sa continuité peuvent être plus ou moins compliqués selon les situations. On peut donc déjà noter une solution pour aider les parents allaitants : permettre aux mères qui en font le choix d'avoir un congé maternité complet, ou adapté, jusqu'aux six mois de l'enfant. Étant donné la recommandation de l'OMS, si l'on veut mener une vraie politique publique sur le sujet, cela paraît être une simple base. Autre point important pour les mères souhaitant reprendre une activité professionnelle : s'assurer que les pauses pour faire des tétées ou tirer son lait soient rémunérées. Aujourd'hui, elles peuvent bénéficier d'une heure par jour pour le faire, à leurs frais. Cela peut peser bien lourd sur un foyer.

**Le manque d'informations**

Deuxième point, rendre l'information et la pratique accessibles à toutes et à tous. Des études montrent que l'allaitement exclusif est moins pratiqué dans les milieux sociaux les moins aisés. Ce qui est assez paradoxal puisque l'allaitement, c'est gratuit et souvent sans matériel ! Le manque d'informations et de suivi pris en charge sur la question pose problème. La première piste pour avancer serait de rembourser, au moins pour partie, les rendez-vous avec une consultante en lactation IBCLC.

**Le manque de formation**

Troisième point, faire évoluer les mentalités, en mettant les professionnels de santé à jour sur le sujet. Car c'est ce qui peut être le plus dur pour des parents qui ont un projet d'allaitement : être confrontés à des professionnels non formés qui ne prennent pas en compte ce projet dans leur approche clinique.

Idées reçues

## À propos de l'allaitement

Malheureusement, vous risquez d'entendre de nombreuses fausses croyances concernant l'allaitement. Les principales restent bien sûr :

« Certaines femmes n'ont pas de lait » (alors que l'OMS estime de 1 à 5 % les femmes ne pouvant allaiter dans les pays industrialisés), « Votre lait n'est pas assez nourrissant » (il est forcément adapté ! S'il y a un problème, c'est autre chose), « Allaiter fait mal » (si c'est le cas, consulter une IBCLC), « Le père n'a pas sa place » (si si, juste pas celle de la mère).

Concernant la sexualisation du corps féminin, il y a encore un gros travail à faire sur les mentalités. Bien que l'atteinte à la pudeur ne soit plus retenue pour l'allaitement dans un lieu public depuis 1994, ce n'est clairement pas encore entré dans les mœurs françaises. En 2021, une mère a même été frappée pour avoir allaité en public. On peut nous présenter des paires de seins pour nous vendre de l'huile de vidange, mais pour nourrir un enfant… ça choque. Non, ce n'est pas normal.

Tu verras qu'on t'en parlera bien assez tôt et sans que tu le demandes ! Petite précision, biberon et allaitement ne sont pas incompatibles. Tout comme biberon et comportements proximaux peuvent aussi fonctionner ensemble ! C'est un choix que je fais délibérément dans ce livre que de mettre en avant l'allaitement, qui est aujourd'hui souvent écarté au profit d'une plus grande visibilité pour les PCN (préparations commerciales pour nourrissons). Au XX^e^ siècle, les fabricants ont largement participé à la circulation des fausses idées que nous avons évoquées. Comme dirait Ingrid Bayot dans le podcast *Papatriarcat* : « Sans allaitement, nous ne serions pas là pour en parler. »[1]

Quel que soit le choix des parents sur le sujet, on ne peut nier que l'allaitement est un élément important de ce qui a permis à notre espèce de survivre. On ne peut nier non plus que les PCN sont une réponse à un environnement social et professionnel qui ne permet pas de mener un allaitement sereinement et dans les meilleures conditions pour le développement de l'enfant et l'épanouissement des parents, à commencer par les mères.

## *Ne pas se tromper de « con »*

Dans tous les cas, je t'invite à réfléchir à une posture consistant à prendre la pratique de l'autre comme une richesse et non comme une attaque. Par exemple, si vous choisissez l'allaitement exclusif et que tu parles avec quelqu'un qui utilise PCN et biberons, il sera bien plus enrichissant de chercher à comprendre ses problématiques et ses réussites que de vouloir confronter vos vécus. Pour résumer, ne pas se tromper de CON : il est plus efficace de chercher à COMprendre plutôt que de chercher à CONvaincre.

1. Épisode 6, « Dossier allaitement, partie 2 » (2020).

# Les couches (ou pas)

Bienvenue dans un nouvel univers aux débats insoupçonnés : celui des couches ! Si comme moi tu n'avais jamais changé une couche avant d'être parent, la bonne nouvelle c'est que peu importe le choix : ce sera nouveau pour toi ! Tu te rendras compte aussi que côté technique, il n'y a rien de bien compliqué. C'est à se demander pourquoi autant de pères attendent une médaille ou des applaudissements pour cet acte ! Commençons par faire un point sur les différents types de couches et aussi sur l'absence de couche.

## *Les couches jetables*

Ce sont clairement les plus courantes. Tout simplement parce que ce sont les plus pratiques, les plus fines et qu'elles sont très absorbantes. Elles épousent bien la morphologie de l'enfant. Concrètement, on les enfile, on les enlève et on les jette ! Rien de plus simple.

Leur coût peut cependant être élevé selon les marques. Un point important qui varie aussi, c'est la composition. Tu peux facilement te retrouver à mettre en contact la peau des fesses de bébé avec de nombreux produits chimiques. Ils sont utilisés pour mieux retenir les fluides et les odeurs... Il y a même des parfums. Cela dit, tu te rendras vite compte que ça finit par sentir pareil à la fin...

Pour diminuer les risques sur ces produits, tu pourras choisir des couches jetables écologiques ou bio, annoncées comme biodégradables. Selon les marques, il reste toujours plus ou moins de parties non biodégradables. Le critère oscille entre 50 et 90 %. Dans tous les cas, elles sont toujours à jeter avec les déchets ménagers et traitées comme tels (enfouissement ou incinération). Concernant le prix, on peut dire qu'elles coûtent la peau des fesses mais elles auront moins de chances de coûter celles de ton bébé ! En effet, elles contiennent au minimum 70 % de matières naturelles, affichent une absence totale de lotion, parfum, alcool, colorant, et le voile de maintien en contact avec la peau n'est pas du tout chimique. Cela dit, une enquête de 2017 du magazine *60 Millions de Consommateurs* a démontré qu'on pouvait retrouver des substances toxiques même dans les couches jetables écologiques.

Peu importe les couches utilisées, à raison de 5,5 changes par jour en moyenne pendant deux ans et demi (soit 5 000 couches), le budget à y consacrer varie entre 750 et 2 500 € pour la période (pour chaque enfant). Soit une moyenne de 1 625 €. Je pose ça là pour que tu puisses comparer ensuite.

L'autre sujet important avec les couches jetables, c'est le stockage. Bien souvent, pour économiser ou juste pour être prévoyant, tu vas acheter en gros. Certaines marques ont développé des formules d'abonnement pour que tu sois livré chez toi d'une quantité définie chaque mois. Une solution qui semble tout à fait intéressante. Avec certains fournisseurs, tu pourras même te faire livrer tes couches sur ton lieu de vacances !

## *Les couches lavables*

La couche lavable est composée de deux parties : une partie absorbante et une partie imperméable. Les deux peuvent être totalement naturelles, en chanvre ou en laine par exemple (cela influe sur le tarif). Elles limitent grandement les risques d'intolérance et d'allergie et prennent peu de place dans le logement. Leur utilisation peut nécessiter un change un peu plus régulier car elles sont un peu moins absorbantes que les couches jetables. Elles sont aussi plus épaisses sur le bébé (effet « grosses fesses »), mais ne gênent en rien son développement moteur.

C'est le choix écologique et économique ! À la production, la fabrication de 5 000 couches jetables nécessite 26 000 litres d'eau. Un équipement de couches lavables en demande seulement 11 000. En termes de ressources, il faudra 25 kilos de plastique, soit 67 kilos de pétrole, pour fabriquer l'équivalent de deux ans et demi de couches jetables. Concernant les couches lavables, si vous prenez des modèles complètement naturels, la quantité de pétrole est nulle. Pour les modèles partiellement ou complètement synthétiques, on retrouve quelques grammes de pétrole.

Un équipement complet de couches lavables d'occasion coûte entre 200 et 1 000 € environ, si tu le veux neuf et « haut de gamme ». À cela, il faut rajouter 300 € d'entretien pour les couches sur trois ans (eau, électricité, lessive). Cela fait donc en moyenne 800 € de la naissance à l'acquisition de la continence. Détail important : si vous avez un autre enfant par la suite, seul restera pour lui le coût de l'entretien. Si cela n'est pas le cas, il est possible de revendre l'équipement !

Si tu souhaites comparer les possibilités selon tes propres paramètres, tu trouveras un module de calcul d'estimation de coût sur le site : www.couchelavable.eu.

Il y a cependant un aspect très important dans le choix des couches lavables : la charge de l'entretien. Si cela n'était pas clair, les couches lavables, il faut les laver ! Cela a donc un coût non négligeable en énergie et en temps. Bien entendu, cela peut être plus facilement absorbé avec une répartition équitable de cette charge dans le foyer. Voilà l'occasion de montrer ta maîtrise du lave-linge, du séchage ou encore du pliage et du rangement !

Si tu veux en savoir plus sur le sujet et trouver toutes les réponses à tes questions éventuelles, je te conseille *Le Guide complet des couches lavables* de Marianne Bertrel. Les données que j'ai utilisées en sont tirées !

## *L'hygiène naturelle infantile (HNI)*

Puisque nous parlons des couches, il faut bien évoquer l'absence de couches. Tu ne rêves pas, il existe bien un accompagnement sans couches et cela est possible dès la naissance ! « Euh... mais comment c'est possible ? » Tu apprendras très vite que le nourrisson, à peine sorti du ventre de sa mère, sait exprimer ses besoins de faim, de sommeil ou de contact... Il en va tout simplement de même pour ses besoins d'élimination. Si tu repenses à notre espèce, tu te doutes bien que nous n'avions pas de couches il y a 300 000 ans et que nous n'avons jamais eu pour habitude de vivre dans nos excréments. Encore une fois, il ne faut pas y voir un « appel à la nature », je rappelle seulement qu'il s'agit de quelque chose qui a existé bien avant notre ère moderne et qui est toujours présent en nous, si on veut bien l'observer.

Tout le défi de l'HNI est de réussir à reconnaître les signaux et à y répondre en permettant au bébé d'éliminer (ce qui arrivera d'une manière ou d'une autre). Ces signaux sont propres à chaque enfant et évoluent avec le temps. Observation, écoute, communication et confiance sont les maîtres mots. D'ailleurs, en anglais, cette pratique est appelée *elimination communication* (EC). C'est là tout l'intérêt de la démarche : créer un lien supplémentaire entre le parent et l'enfant. Un lien nourrissant la confiance. Une fois les signaux repérés, tu peux présenter un pot à l'enfant ou placer le nourrisson au-dessus. Oui, bien sûr, il y aura des « ratés »..., ce qui deviendra ton quotidien en parentalité. Tu vivras cette joie intense de réussir à capter le premier caca et la sensation d'être vraiment nul quand tu as raté un signe évident de pipi.

### Pourquoi envisager l'HNI ?

▶ Pour des raisons écologiques et financières : sans couches, l'impact sur l'environnement est presque nul, tout comme le coût.

▶ Pour des raisons de santé : les érythèmes fessiers et les irritations dues aux frottements et/ou à l'atmosphère humide des couches disparaissent (c'est d'ailleurs cette raison qui nous a poussés à tenter l'expérience aux douze mois de notre fille). Vous éviterez aussi de passer par la case « coliques du nourrisson » ! Celles-ci sont principalement dues au fait de faire ses besoins assis ou allongé dans une couche qui enserre l'abdomen. Or, en HNI, tout se passe en position physiologique !

▶ Pour l'enfant et pour votre relation : c'est un levier supplémentaire pour créer du lien et permettre à son enfant de rester connecté à ses besoins fondamentaux.

L'hygiène naturelle infantile permet aussi de dédramatiser la pression liée à la propreté des enfants. Ce sujet est vécu par bon nombre de parents comme une performance à atteindre, un résultat déterminant qui va vous faire entrer ou non dans la case du « bon parent » (*spoiler alert* : rien n'y fait). Cette exigence va potentiellement peser sur l'enfant pour diverses raisons, notamment lors de son entrée éventuelle en maternelle. L'HNI dédramatise tout un tas de situations liées au besoin d'élimination. Surtout que le caca des enfants devient très rapidement un sujet dont on parle à l'apéro entre parents ! Rendre cette affaire banale est important, encore plus pour les filles, qui peuvent développer des complexes sur la question (si, ça s'appelle même le *poop shaming*).

Il faudrait tout un livre pour faire le tour de la question… Ça tombe bien, une professionnelle experte en a écrit un ! Il s'agit de *L'Hygiène naturelle infantile* de Rokiyah Hosen. Tu peux aussi retrouver une partie de son travail sur les réseaux sous le pseudo « Miss Psychomot ».

## *La seule pratique idéale, c'est celle qui vous convient !*

Pour clôturer le sujet des couches, je veux insister sur une clé essentielle en parentalité : il n'y a aucune position dogmatique à avoir, être parent c'est s'adapter en permanence. Je peux te donner mon exemple personnel avec notre fille : nous avons fait le choix des couches lavables, et pourtant j'ai toujours acheté un paquet de couches jetables de chaque taille « au cas où » ou « pour dépanner ». À douze mois, nous avons décidé de tenter l'aventure de l'HNI ! Et pourtant, elle portait quand même des couches chez la nounou et en voiture.

# *Portage ou poussette ?*

Autre sujet qui peut être clivant : comment tu déplaces la bête ? Chez nous, nous portons encore et avons utilisé la poussette. Je garde quelques souvenirs de parents avec bébé en écharpe qui me regardent de haut en disant : « Ah, tu es pour le parental proximal et là, tu ne portes pas ?! » Dans ces cas-là, tu peux expliquer que d'habitude tu portes mais que là, t'es fatigué, que tu voulais essayer, que t'aimes bien, ou que tu n'as pas acheté la poussette une blinde pour rien, ou... Mais attends... en fait on s'en fout ! Tu es bien ? Ton bébé est bien ? Tout va bien !

Le portage est lui aussi un comportement proximal qui a permis la survie de l'espèce. En le pratiquant, tu répondras à certains besoins primaires de ton enfant et tu en récolteras aussi des bénéfices. Cela dit, selon ton vécu, ton histoire et tes ressentis, tu ne seras peut-être pas à l'aise. Pas de panique, il n'y a pas de liste de pratiques à accomplir pour être un parent parfait. Comme tu commences sûrement à le comprendre, c'est encore un sujet où toute vision dogmatique va te pourrir la vie. Encore une fois, je t'invite à t'informer et à voir ce qui te parle. Le gros avantage, c'est que tu peux tester avant d'acheter dans la plupart des cas. Il me paraît important d'y réfléchir avant la naissance car l'investissement financier peut être important !

Et voilà le nouveau joujou ! Suspension à ressort, roues en aluminium, guidon adaptable…
Trop cool !

Et toi, alors ? Ça à l'air hyper pratique !
Oh ! ça ? Écharpe tricotée, extensible, 100 % coton, confortable pour bébé et moi ! hé ! hé !
Trop stylé !

## *Le portage physiologique*

Commençons par l'utilisation du mot « physiologique ». C'est le portage qui respecte la position naturelle du bébé et également celle du porteur. Il permet de porter confortablement et pendant longtemps. La position idéale est propre à chaque enfant, mais il y a tout de même des essentiels à adopter : le bassin et le dos sont enroulés, les genoux sont plus hauts que les fesses et le poids du tout-petit est réparti sur l'ensemble du tissu.

Il se différencie du portage non physiologique, qui n'est pas vraiment confortable ou adéquat pour un corps immature. L'exemple le plus parlant est celui des porte-bébés où l'enfant est face au monde avec les bras et les jambes qui pendent dans le vide. À choisir, si on devait te porter, tu préférerais te sentir assis comme dans un hamac ou harnaché comme pour un saut en parachute[1] ?

Je ne suis pas compétent pour répondre à cette question avec efficacité et pertinence. Mais fort heureusement, les monitrices de portage sont là ! Il existe une multitude de moyens de portage selon vos préférences, vos morphologies, votre budget... Participer à un atelier est, selon moi, le meilleur moyen d'avoir un conseil adapté et personnalisé. Certaines monitrices peuvent proposer de faire un atelier chez vous avec toute la famille. Cela peut permettre aux grands-parents, par exemple, de participer, d'apprendre et de poser leurs questions à la monitrice et non à toi plus tard (et ça, c'est vraiment bien !). Mais en attendant cet atelier, je peux tout de même te faire une petite présentation des moyens de portage les plus connus.

1. Sur Instagram, @tani_nette en a fait une très bonne illustration !

## *Les bras*

C'est tellement évident que l'on n'y pense pas ! Pourtant, c'est bien le premier moyen de portage et certainement le plus naturel. Les bébés sont programmés pour s'accrocher à un adulte et pour être portés (cela s'appelle un réflexe archaïque). Avec un soutien par les fesses et entre les omoplates, ton bébé s'accrochera de lui-même et tu pourras observer qu'il se met spontanément dans la position évoquée juste avant. C'est la base. En revanche, ça peut peser assez rapidement sur le bras quand bébé grandit !

## *Les écharpes de portage*

Elles se découpent en deux catégories : les écharpes tricotées (extensibles) et les écharpes tissées (non extensibles). Les premières sont très enveloppantes et donnent un effet cocon très apprécié durant les premiers mois de bébé. Les secondes sont très solides, tiennent dans la durée et permettent de réaliser toutes les familles de nouage. Tu trouveras des prix très variables selon les marques, les tissus, les motifs et d'autres critères. Il existe même des écharpes de collection qui explosent les prix ! Dans tous les cas, la longueur d'une écharpe peut impressionner. C'est vraiment juste une question de technique.

## *Le sling*

C'est aussi une écharpe, dont la longueur est plus courte. Il se règle grâce à des anneaux et propose un portage asymétrique (sur le côté). Une fois maîtrisé, c'est un moyen de portage rapide et efficace et qui prend peu de place.

## *Le porte-bébé préformé*

Il est composé de bretelles et de ceintures rembourrées, d'un système de sangles et de clips pour les réglages. C'est un dispositif qui est très intéressant si tu n'es pas à l'aise avec les nouages et que tu veux tout de même porter ton enfant. Il faut bien régler le porte-bébé à chaque changement de porteur et selon la croissance du bébé. Ils sont généralement utilisés lorsque l'enfant commence à savoir tenir son dos droit mais certains fabricants proposent des systèmes ou des modèles permettant de l'utiliser plus tôt.

## *Les porte-bébés traditionnels*

Dans certaines régions du monde, le portage est resté la norme et les moyens de portage sont aussi variés qu'efficaces. Tu entendras alors parler de meï-taï, mbotou ou rebozo par exemple. Très pratiques lorsque l'enfant monte et descend souvent du moyen de portage !

## *Accessoires, avantages et budget*

Tu trouveras de nombreux accessoires qui t'aideront à porter lorsqu'il pleut ou en cas de froid. Je ne te cache pas que quand il fait chaud... tu risques d'avoir un peu plus chaud !

Un très gros avantage de ces moyens de portage, c'est aussi de garder les bras libres pour pouvoir lancer ou étendre une lessive, laver la vaisselle, faire à manger ou le ménage pendant que la mère récupère. D'ailleurs, de nombreux témoignages indiquent que le combo portage + aspirateur est très efficace pour endormir bébé.

Concernant le budget, il y en a pour tous les goûts. Sachant qu'il est aussi possible d'acheter d'occasion. Bien souvent, les monitrices proposent des services de location pour vous faire une idée avant d'investir. Trouver une solution évolutive est aussi un point important pour ne pas avoir à repayer un nouveau système de portage plus tard.

# Les poussettes

Leur création remonte au XVIII^e^ siècle en Angleterre. Il s'agissait alors d'un simple panier sur roues. Au milieu du XIX^e^ siècle arrivent les poussettes à poignées qui vont séduire la reine Victoria et démocratiser leur usage. Dès lors, un marché se crée et, après la Première Guerre mondiale, elles sont commercialisées en masse avec comme critère standard : la sécurité. Depuis, elles n'ont cessé d'évoluer et les fabricants en proposent une grande diversité permettant de s'adapter à différents besoins et styles de vie. Là encore, tu vas pouvoir passer des heures à comparer les modèles selon vos besoins et votre budget. Fini les discussions sur les jantes alu et les chevaux sous le capot, bienvenue aux apéros pour parler système d'attache et dossier inclinable ! Parce que tu vas voir que les critères et les options sur les poussettes n'ont rien à envier à celles que présentent les concessionnaires. Faisons un tour des grandes tendances.

## *Les poussettes classiques ou poussettes-cannes*

Elles ne sont dotées d'aucun accessoire. Un châssis, un hamac et ça roule. Très pratique car très compacte et simple à utiliser. Elles correspondent souvent à un usage citadin au quotidien, à partir de six mois environ, lorsque le bébé se tient assis. Tu pourras aussi trouver des poussettes compactes qui se plient en une fois et prennent très peu de place. Très légères, elles peuvent être considérées comme un bagage cabine. Leurs prix sont cependant souvent très élevés.

## *Les poussettes combinées*

Elles offrent plusieurs accessoires en plus de leur simple fonction de poussette. Généralement dotées d'une nacelle et d'un siège auto bébé (une coque), elles coûtent plus cher qu'une poussette classique mais permettent d'être utilisées au-delà du simple transport du bébé. Tu trouveras des modèles duo incluant poussette et coque, des modèles trio rajoutant une nacelle (un petit lit pour la poussette, pour les bébés de moins de six mois environ). Par expérience, pouvoir sortir la coque de la voiture et la poser directement sur une poussette, surtout quand bébé dort, c'est vraiment pratique.

Il est préférable de laisser l'enfant face à vous jusqu'à environ neuf mois pour faciliter ses capacités à communiquer, s'exprimer, et lui permettre de se sentir en sécurité en voyant ses parents.

### *Les poussettes tout-terrain*

Souvent dotées de trois roues assez grandes qui leur permettent de circuler sur tout type de route, elles conviennent aux enfants de six mois à quatre ans. Si vous êtes à la campagne et adeptes des balades en forêt ou des chemins escarpés, c'est un choix judicieux.

### *Les poussettes doubles, triples, quadruples ou plus !*

Comme leur nom l'indique, ces poussettes sont prévues pour transporter de multiples enfants. Jumeaux, triplés ou plus… Il en existe différents modèles permettant de placer les enfants côte à côte, face à face ou bien en ligne, de zéro à trois ans.

Tu pourras aussi trouver quelques modèles de poussettes hybrides offrant un siège et une nacelle en même temps, par exemple. D'autres modèles permettent de placer un enfant plus âgé debout entre la poignée et l'assise, comme sur une trottinette. Plutôt marrant pour transporter des fratries.

Il s'agira de faire ce qui vous convient à vous. C'est vous les parents. Le rôle de vos proches n'est pas de vous faire vous sentir incompétents. Il est de vous soutenir et d'être à l'écoute de vos besoins.

En toute honnêteté, quoi que vous décidiez, vous aurez sûrement des ajustements à faire. Le portage est une façon simple et efficace de transporter ou d'occuper l'enfant en gardant une certaine liberté de mouvement. La poussette a un aspect pratique car on peut y stocker des affaires ou les courses (lorsque tu iras les faire pour permettre à la mère d'avoir un moment pour elle). Chez nous, j'ai vite arrêté la poussette pour privilégier le portage, vraiment pratique : bébé devant, un sac à dos, et c'est parti ! Tout en conservant la poussette pour les balades avec les grands-parents.

Dans tous les cas, tu te prendras des remarques : « Ah bon, tu utilises la poussette, toi ? Ça ne te dérange pas que ton bébé soit loin de toi ? » ou, au contraire, le fameux « Attends, mais à force de le porter tout le temps, il ne voudra jamais te lâcher ! »

# Le cododo ou dans son lit

## Le co... quoi ? ça veut dire quoi ?

Le cododo ou sommeil partagé est un terme désignant le fait de dormir avec son enfant. Cela peut se faire avec un berceau adapté, ouvert sur le côté (un peu comme un side-car mais pour le lit), ou bien directement dans le même lit. On parle alors de partage de lit. Encore une fois, c'est tout simplement la norme de l'espèce qui a assuré notre survie pendant si longtemps. Pourtant, dans le monde occidental, nous sommes très prompts à chercher la séparation au plus vite en pensant, à tort, que cela amènera notre enfant à être plus rapidement autonome. Cela va sûrement te choquer, mais cette croyance se base principalement sur une réalité financière, sociale, économique et culturelle qui prend ses racines vers le XIX^e^ siècle dans le monde occidental. Le sujet peut même être tabou en Europe, aux États-Unis ou en Australie. Je dis bien tabou car si tu en parles ouvertement avec la plupart des parents, beaucoup te diront qu'ils y sont passés à un moment ou à un autre sur une certaine période.

Dans la plupart des pays du globe, dormir avec son enfant est la norme. En Chine, ce sont 88 % des bébés de trois mois. En Suède, en 2001, c'étaient 65 % des bébés de trois mois. Au Japon, 71 % des enfants de moins de trois ans dorment avec leurs parents. Les Japonais appellent d'ailleurs cela le *kawa*, qui veut dire « rivière entre les berges » et représente la position de l'enfant entre ses parents (avoue que tu trouves ça mignon !). Alors bien sûr, notre héritage colonialiste peut nous pousser à penser que nous savons mieux ce qu'il convient de faire que le reste du monde. Ce qui est totalement faux, bien sûr. La norme de l'espèce nous amène à revoir la réalité de notre physiologie avec plus d'humilité. Il semble cependant nécessaire de l'adapter à nos besoins et à notre vie actuels. Commençons par un petit tour des questions souvent soulevées par ce sujet.

## *Le cododo augmente-t-il le risque de mort subite du nourrisson ?*

Tu te doutes bien qu'à l'échelle de l'espèce, si c'était vrai, ni toi ni moi ne serions là pour en parler ! Sur ce sujet dramatique, que ce soit en sommeil partagé ou séparé, il y a des règles de sécurité à respecter. Lorsque cela survient dans un contexte de sommeil solitaire de l'enfant, on parle de mort inexpliquée ou alors de règles de sécurité non respectées… mais si cela arrive dans une situation de cododo, alors c'est la pratique qui est remise en question !

Aujourd'hui, l'OMS, l'Unicef, la CoFAM (Coordination française pour l'allaitement maternel) ou encore la Leche League recommandent le partage de chambre pendant les six premiers mois pour diminuer le risque de mort subite du nourrisson et ont établi une liste détaillée de règles de sécurité pour le partage de lit.

La voici :

- Le bébé doit être né à terme et en bonne santé.
- Les parents ne doivent pas avoir consommé de substance (tabac, alcool, médicaments, drogues) ou se trouver dans un état de fatigue extrême pouvant altérer la vigilance.
- La mère doit allaiter (il est précisé jour et nuit dans les consignes). Le lien créé avec l'allaitement permet à la mère d'être alertée naturellement en cas de réveil de l'enfant. Une tétée offre aussi les récompenses hormonales nécessaires pour se rendormir.
- Il faut adopter une bonne position : le bébé doit être sur le dos, ni trop haut ni trop bas (il ne doit surtout pas être au contact de l'oreiller ou de la couette). Le lit « side-car » a l'avantage de sécuriser l'environnement du bébé, qui reste à portée de bras.
- La température de la chambre doit être surveillée : idéalement, elle se situe aux alentours de 19 °C. Bébé doit être légèrement vêtu et non emmailloté.
- La surface doit être sécurisée et plane. Le matelas, ferme et suffisamment grand. Pas d'oreiller, de jouet, de couverture lourde, d'animal, de ficelle, de cordon…

### Le cododo nuit-il à la vie (intime) du couple ?

À ce compte-là, autant te révéler une grande vérité : devenir parent nuit à la vie intime du couple. Ou alors, on considère que comme pour tout le reste, vos vies sont changées et que d'autres habitudes et pratiques sont possibles ! Il n'y a pas que votre chambre dans le logement. De quoi faire travailler un peu l'imagination !

### Le cododo empêche-t-il l'autonomie de l'enfant ?

As-tu déjà entendu parler de tous les enfants d'autres pays non occidentaux qui restent accrochés à leurs parents et ne dorment jamais seuls ? Non. Tout simplement parce que cela n'arrive pas. C'est justement lorsque l'enfant se sent en sécurité et que ses besoins fondamentaux sont satisfaits qu'il part découvrir le vaste monde, à commencer par sa propre chambre.

Vous allez peut-être être amenés à vous organiser d'une manière qui n'a rien à voir avec ce que vous imaginiez au début. C'est aussi cela la parentalité : s'adapter partout, tout le temps et comme on peut. Outre le fait de faciliter l'endormissement de la mère allaitante, le cododo permet aussi au père de se reposer pour prendre le relais dès le matin. Que ce soit sur la prise en charge du bébé ou des tâches domestiques, cela facilite la récupération. Un détail tout de même : un bébé, ça fait du bruit la nuit. Tu t'y feras rapidement, mais ça peut surprendre au début !

### *Le sommeil en séparé*

Sur le sujet, tu trouveras assez facilement des méthodes « magiques » pour réaliser du dressage au sommeil. Notamment, une méthode appelée « 5-10-15 » consistant à laisser pleurer l'enfant cinq minutes, à aller le voir, à recommencer dix minutes, à aller le voir…, et ainsi de suite. Bien souvent, les parents finissent malheureusement en pleurs derrière la porte.

Cela dit, il peut arriver que le sommeil dans la chambre se passe sans encombre ! Ne pas pratiquer le cododo ne fera pas de vous de mauvais ou de bons parents ! La problématique du réveil nocturne sera différente mais sera toujours présente. Elle impliquera cependant de se lever. Il est extrêmement rare qu'un nourrisson dorme plus de six heures consécutives.

Si tel est votre choix, il y a là aussi des consignes de sécurité à appliquer pendant les six premiers mois, notamment :

- Une literie ferme et suffisamment grande.
- Une gigoteuse adaptée à la taille de bébé avec une seule couche de vêtements (éviter de couvrir le bébé avec un drap ou une couette).
- Aucun collier, chaîne ou cordelette.
- S'assurer que les parois du lit sont bien fermées.
- Garder le lit vide : sans jouet, animal, peluche ni tour de lit (pas avant douze mois).

Petite astuce sur la durée : penser à baisser le matelas en fonction de la motricité de l'enfant.

### *Le rituel du coucher*

Quel que soit votre choix, il est recommandé d'instaurer un rituel du coucher. Les rituels sont des repères de sécurité pour les enfants. Ils lui permettent de savoir ce qui va arriver et, à un moment, de se situer dans le temps. Je t'invite à le faire participer à la construction et à l'évolution de ses rituels pour qu'il gagne en autonomie, en confiance et se sente en sécurité avant de s'abandonner au sommeil.

Tu as maintenant suffisamment d'éléments pour vous aider à échanger sur le sujet. Le sommeil est un sujet très important en parentalité, et ce dès les premiers jours après la naissance. Encore une fois, peu importe votre choix, préparez-vous à essuyer des remarques. Tout le monde aura un avis à donner. Vous allez sûrement douter, culpabiliser et vous adapter au besoin. Pour clore ce sujet, la citation de Judy Arnall, experte en parentalité, me semble appropriée : « Tout ce qui permet à tout le monde de dormir sans pleurer est le bon choix pour votre famille[1]. »

1. Source : www.judyarnall.com.

# Paroles de mecs

Avant d'enchaîner sur la suite, je voudrais t'inviter à une réflexion, de toi à moi, de mec à mec : que ressens-tu vis-à-vis de ce bébé qui arrive ? Quelles émotions t'autorises-tu à ressentir face à cette situation ? Bien souvent, nous nous retrouvons désarmés face à cet incroyable moment, riche d'amour, de peur, de joie, de stress, de bonheur, d'angoisse aussi. Je t'invite à ne pas hésiter à en parler avec une personne compétente en accompagnement psychologique périnatal, ne serait-ce qu'une fois. Parles-en aussi avec la mère, ça ne fera que resserrer vos liens, renforcer votre écoute mutuelle. La communication et la cohésion inconditionnelle entre vous, les parents, est une clé pour aborder la parentalité dans les meilleures conditions. Ressentir est une force, c'est notre nature. Le partager avec elle vous renforcera. Vous êtes vos meilleurs alliés.

Pour te rappeler que nous passons tous par des moments forts, tu peux écouter la discussion avec Fabrice Florent, intervieweur et podcasteur.

# Accueillir l'enfant

Maintenant que tu t'es bien entraîné avec la première partie, nous allons pouvoir passer aux derniers échauffements avant match. Parce qu'il en reste des choses à faire ! Tu as encore une fois tout un rôle à jouer sur des sujets essentiels. De la préparation de l'environnement à la maison au retour après la naissance, en passant par la pose de ton congé paternité et la gestion de l'entourage... tu as du pain sur la planche ! Heureusement que tu n'es pas seul dans ce parcours merveilleux mais aussi semé d'embûches !

# *Fille ou garçon ?*

Commençons tout de suite avec une des phrases les plus entendues dès la deuxième échographie, celle qui permet de connaître le sexe : « Alors, c'est un garçon ou une fille ? » Peut-être même avez-vous opté pour organiser une *gender reveal party* ! C'est une fête qui consiste à révéler le genre de l'enfant en faisant apparaître d'une façon assez drôle la couleur bleue pour un garçon et rose pour une fille.

Arrêtons-nous un instant là-dessus, tiens... parce que là où on va te révéler le *sexe* à l'échographie, la pratique festive propose de révéler son *genre*.

## *Quelle est la différence entre le sexe et le genre ?*

Selon l'OMS, le mot *sexe* « se réfère aux caractéristiques biologiques et physiologiques qui différencient les hommes des femmes, comme les organes reproductifs, les chromosomes, les hormones, etc. ». Le mot *genre,* quant à lui, « sert à évoquer les rôles qui sont déterminés socialement, les comportements, les activités et les attributs qu'une société considère comme appropriés pour les hommes et les femmes ».

Pourquoi est-ce important ? Parce que dès ce moment, bien avant la naissance, vous allez déjà être confronté au sujet des stéréotypes de genre. Dans notre société, le genre est traditionnellement binaire, les bébés mâles sont assignés au genre masculin et les bébés femelles au genre féminin. De ces assignations découlent des comportements et des attitudes attendus. C'est ce qui constitue les stéréotypes de genre. Alors bien sûr, tu trouveras des différences très claires selon le sexe, comme le soin à apporter aux parties intimes par exemple : les problématiques d'une vulve ne sont pas les mêmes que celles d'un pénis.

## *Les stéréotypes de genre, des automatismes bien ancrés*

Le sujet des stéréotypes de genre est plus insidieux et démarre dès la grossesse. Dans leur livre *Éduquer sans préjugés,* les autrices Amandine Hancewicz et Manuela Spinelli ont d'ailleurs recensé des croyances ubuesques liées au genre alors que le bébé est encore dans le ventre de sa mère. On attribue très facilement des caractéristiques complètement sans fondement une fois que le sexe est connu. Si le bébé bouge beaucoup, on entend « Déjà un bagarreur ! » pour un garçon contre « Une future danseuse ! » pour une fille. Ces exemples te paraissent peut-être absurdes, mais les stéréotypes de genre sont ancrés de façon presque automatique et inconsciente. Cela demande un réel effort mental de remettre en question ce que l'on pense savoir sur le sujet.

Mais si je ne connais pas le sexe du bébé… Comment je vais faire pour les cadeaux ?

Peu importe le body que tu choisiras, ça lui tiendra chaud !

## ***Connaître le sexe du bébé***

Certains parents font le choix de garder la surprise en se disant que peu importe la réponse, ils élèveront leur enfant, point. D'autres, même en conscience de ces sujets, ont besoin de savoir le sexe pour se projeter. Ce fut mon cas par exemple. Je ressentais un profond besoin de connaître le sexe de mon enfant pour cette première fois. Je voulais l'appeler par son prénom, imaginer nos jeux et nos défis à venir. Comment élever une fille dans ce monde qui lui dira qu'elle vaut moins qu'un garçon ? J'en avais besoin pour répondre à ces questions. Pour autant, je n'avais aucune préférence. Je me serais juste posé des questions différentes si cela avait été un garçon. *A contrario*, ma compagne souhaitait une fille car elle craignait de ne pas savoir comment élever un garçon.

Nous avons bien sûr cheminé depuis lors, et peut-être tenterons-nous l'aventure sans savoir le sexe si l'occasion se représente ! Tout cela pour te dire que, même bien renseigné sur le sujet, il est difficile de s'extraire de ses croyances. Les autrices citées ci-dessus le résument bien : « Parce que, au fond, fond, on pense que l'on n'élève pas de la même façon un garçon et une fille. On pense que filles et garçons ont des besoins et des comportements différents. »

Nous avons déjà établi que les besoins physiologiques ne dépendent absolument pas du sexe. Les différences naissent donc de la perception que nous nous en faisons au travers du prisme du genre que nous avons nous-même. Mais concrètement, le bébé s'en fout.

Ici aussi, avoir des perceptions genrées ne fera pas de vous de bons ou de mauvais parents. Vous ferez de votre mieux avec vos convictions et vos valeurs. C'est sûrement un des sujets les plus complexes à travailler pour soi, l'entourage et l'environnement.

## *L'environnement : parlons-en !*

Pour accueillir ton enfant, tu veux une maison « *babyproof* ». Pour y arriver, tu peux déjà sécuriser le logement avec divers accessoires : barrières, coins de table, protège-prises, entraves pour les éléments qui s'ouvrent, etc. Que de choses à mettre en place… ou pas ! Peut-être que vous anticiperez toutes les situations possibles avec tout le matériel adéquat. Peut-être que, comme moi, vous irez acheter le matériel au dernier moment en étant stupéfait d'une situation rencontrée. Par exemple, nous avons un piano à la maison… Et je ne pensais pas devoir le sécuriser. Pourtant, j'ai fini par mettre un bloque-porte (oui, l'accessoire pour les placards) sur le couvercle des touches pour éviter qu'elle le referme sur ses doigts ! Peut-être que vous mettrez en place des choses qui ne serviront jamais. Eh oui, là aussi il n'y a pas de règles. Enfin… il y a quand même des accidents récurrents qu'on connaît et qu'on peut éviter, notamment avec les prises, les feux de cuisson ou les produits d'entretien.

## *La chambre de bébé*

Intéressons-nous plutôt à un environnement important : la chambre. Dans le prisme des stéréotypes du genre, la déco trouve toute sa place. Je garde en mémoire le souvenir de visite d'une personne de ma famille qui avait eu un garçon quelques mois plus tôt. En nous montrant sa chambre bleue, elle dit à ma fille : « Ah oui, chez toi, ça doit être tout rose. » Perdu !

⚠

Comprenons-nous bien. Combattre les stéréotypes de genre, ce n'est pas empêcher un garçon d'aimer le bleu et une fille le rose. L'idée, c'est de ne pas leur imposer ces goûts comme marqueurs de leur identité. Et, oui... c'est compliqué. C'est compliqué parce que tu vas penser à la décoration de la chambre, bien sûr. Mais à cela va se rajouter le sujet des vêtements, notamment ceux que l'on va vous offrir.

## *Les vêtements genrés, une tendance récente*

Pas besoin de partir très loin ce coup-ci, remontons juste quelques siècles en arrière. Observons deux aspects du sujet : les types de vêtements utilisés et l'évolution des couleurs.

### Les jupons des filles

Les bébés ont tout simplement commencé par être emmaillotés pour différentes raisons selon les cultures. Puis, tu seras peut-être surpris d'apprendre que dans nos contrées, tout le monde portait la robe en grandissant. Une tunique blanche de préférence pour deux raisons pratiques : le blanc est très facile à nettoyer (le coton blanc peut être blanchi en bouillant), et l'accès aux parties intimes est libre. Pour les familles les plus aisées ayant accès aux langes, cela permettait de faire un change plus rapidement. Pour les familles les plus modestes, cela permettait aux besoins de l'enfant de tomber directement sur le sol, facile à nettoyer.

Au début du xx^e^ siècle arrive la barboteuse, une sorte de robe raccourcie accompagnée d'une culotte que l'on peut ouvrir à l'entrejambe pour changer la couche (alors arrivée dans les milieux populaires). C'est vers 1950 qu'apparaît la grenouillère, qui reste unisexe.

Les enfants, peu importe leur genre, portaient donc des robes simples avec des souliers et souvent les cheveux longs jusqu'à leur entrée publique en société vers six ans, à l'école. Là s'y retrouvaient les codes sociaux des adultes avec le pantalon pour les hommes et les robes avec des culottes bouffantes pour les femmes.

### Bleu pour les filles, rose pour les garçons

Parlons couleurs maintenant. À l'origine, le rose était une couleur portée principalement par les hommes. Il était alors considéré comme un dérivé du rouge, couleur de pouvoir. Le bleu était quant à lui associé aux femmes car c'était la couleur portée par la Vierge Marie dans toutes les représentations religieuses. Les tendances s'inversent à la suite des évolutions sociales et religieuses : c'est le cas de la révolution protestante, qui amène le bleu comme couleur de pouvoir. Le rose, un rouge plus « doux », est alors associé à la douceur et à la délicatesse : c'est la couleur de l'amour. Il deviendra donc étendard d'un stéréotype de genre voulant que les femmes soient de petites choses fragiles (c'est dire l'ignorance des mecs sur les souffrances régulières des femmes… mais je m'égare !). À la fin du XIX^e^ siècle, l'inversion est acquise dans les codes des élites. Comme pour la poussette, l'usage part des élites et se répand dans les classes populaires. C'est le résultat de la rencontre de l'industrie et du marketing, et d'un objectif commun : faire un maximum de profit. Ou la version politiquement correcte : « pour rendre accessibles ces innovations essentielles au plus grand nombre ». Les années 1930 voient l'arrivée des vêtements genrés en rose et bleu pour les enfants.

### C'est bon pour le… marché !

À partir des années 1950, la pratique explose et les manufacturiers s'intéressent aux bébés. Les familles font moins d'enfants que le siècle précédent et ça, ce n'est pas bon pour les affaires. Que ce soit la robe, la barboteuse ou la grenouillère, tout est unisexe. On peut donc facilement les utiliser pour d'autres enfants, notamment au sein des fratries. C'est là que tout l'enjeu marketing va se trouver : réussir à changer la consommation en créant des vêtements genrés. Ainsi, les habits deviennent difficilement transmissibles entre une petite fille et un petit garçon : il faut racheter. Le rose va d'ailleurs devenir un élément tellement féminin que pour un homme, en porter remettrait en question son identité de genre ou son orientation sexuelle. Les propos homophobes, courants à l'époque et normalisés dans les films, favorisent cette division des couleurs.

Mais l'aventure ne s'arrête pas là car une innovation technologique va tout changer : l'échographie. Celle qui permet de savoir le sexe, oui. Nous sommes dans les années 1980. Je t'avais dit que ce n'était pas loin ! Parce que avant cette pratique, il fallait bien prévoir des vêtements pour la naissance, quand même ! Et, ne pouvant prendre le risque de faire tomber l'existence du bébé dans le côté obscur du genre, on achetait des vêtements unisexes. C'est depuis cette avancée technologique, saisie par le marketing, que les vêtements, les jouets, les meubles et tous les accessoires pour bébé vont connaître une révolution genrée.

Maintenant, tu sais répondre à tonton Jean-Louis qui t'explique qu'un vrai petit bonhomme, ça porte du bleu ! En fait, il est juste victime du capitalisme.

Oui mais...

## Et si ma fille aime le rose ?

Est-ce qu'une éducation « non genrée » implique que ta fille ne devra jamais porter de rose et/ou ton fils du bleu ? Non. Le sujet n'est pas d'empêcher nos enfants de porter certaines couleurs selon leur sexe mais de leur imposer, volontairement ou non, des goûts qui ne seraient pas les leurs car porteurs de stéréotypes encore profondément ancrés. Tout cela en sachant que cette tentative d'améliorer les choses passera forcément par vous, vos perceptions et vos biais sur la question. Vous allez forcément un peu reporter sur vos enfants les stéréotypes que vous avez vous-même intériorisés. C'est un long chemin que de transformer la société et cela ne repose, fort heureusement, pas sur vos seules épaules ! L'idée à retenir est que tu te prépares à accueillir un enfant. Un être qui ne se définit pas uniquement par des particularités biologiques. Une partie de ton rôle de parent sera d'essayer que cette caractéristique sexuelle ne devienne pas une source de croyances limitantes pour l'enfant.

# Le congé paternité

Avant d'aller plus loin, soyons clair et pour une fois directif : prends ton congé.

Bien qu'il soit quasiment impossible pour une personne seule de percevoir toutes les implications de cette démarche, nous allons voir ensemble quelques éléments qui vont t'amener à comprendre à quel point c'est important. Pour ton enfant, pour la mère, pour toi et pour la société.

## La durée du congé paternité

Le 1er juillet 2021, le congé paternité a doublé ! Il est passé de 14 jours (11 jours de congé paternité + 3 jours de congé de naissance) totalement facultatifs à 28 jours (25 jours de congé paternité + 3 jours de congé de naissance), dont 7 jours obligatoires.

Petits points techniques :

- Les 7 jours obligatoires sont à prendre immédiatement après la naissance de l'enfant.
- Les 21 jours restants (28 en cas de naissance multiple) pourront être pris soit dans la suite des premiers jours obligatoires, soit dans un délai de six mois après la naissance.
- Le congé est fractionnable, dans ce même délai, en deux périodes d'une durée minimale de 5 jours chacune (en cas de naissance multiple, le congé paternité peut alors être fractionné en trois périodes d'au moins 5 jours chacune).
- Il faut prévenir l'employeur de son congé (dates et différentes périodes éventuelles) au moins un mois à l'avance. Si l'enfant naît avant la date prévisionnelle (date du terme), il faut en informer l'employeur sans délai. Dans ces conditions, celui-ci ne peut refuser le congé paternité aux dates demandées par le salarié.
- Il est rémunéré selon le calcul suivant : c'est un salaire journalier qui prend en compte les trois derniers bulletins de salaire avant le début du congé paternité. On retire ensuite à ce salaire de base un taux forfaitaire de 21 %, correspondant aux cotisations et contributions salariales. Il est possible qu'une meilleure rémunération soit prise en charge par l'entreprise et il convient de se renseigner auprès de son employeur.

PRENONS NOS CONGÉS

## *L'histoire du congé paternité*

Il s'agit là d'une avancée, c'est incontestable. Et si on regarde vers le passé, on voit bien que cette décision s'est fait attendre.

En 1946, après la libération et dans le contexte de la politique nataliste d'après-guerre, l'État met en place un congé de naissance de 3 jours pour permettre aux pères (encore appelés « chefs de famille ») d'accompagner efficacement les suites de couches de la mère et de réaliser les démarches administratives nécessaires. Comme nous partions de rien, c'était en effet déjà une évolution positive.

Il faudra attendre cinquante-six ans et le 1er janvier 2002 pour qu'arrive le congé paternité de 11 jours qui s'ajoute au congé de naissance. Les buts déclarés étaient une meilleure coparentalité et un renforcement de la filiation et de l'autorité parentale. Il rencontre un certain succès puisque sept pères sur dix vont prendre ce congé, mais il reste facultatif.

C'est donc dix-neuf ans plus tard, en 2021, qu'il évolue vers 28 jours dont 7 obligatoires. Une évolution attendue et demandée par les plus jeunes générations.

Astuce

## Tu peux ignorer Jean-Mi le Boomer

Un baromètre d'opinion de la DREES (la Direction de la recherche, des études, de l'évaluation et des statistiques), publié en 2019, indique qu'en moyenne, 63 % des 18-24 ans souhaitaient que la durée du congé paternité augmente, contre 19 % des 50 ans ou plus.

Ce chiffre et surtout cet écart expliquent pourquoi ton collègue « Jean-Mi le Boomer » a de grandes chances de te dire : « Tu es quand même une sacrée feignasse de prendre des vacances sur le dos de la société alors qu'il a bien une mère, ce gamin, et que le rôle d'un homme n'est pas de changer les couches. » N'oublie pas d'essayer de comprendre au lieu de convaincre. Toi, tu peux comprendre ton collègue qui n'a jamais connu cette situation. C'est un changement culturel conséquent. Mais ne perd pas de temps à essayer de le convaincre. Je pense que tu as déjà compris qu'avec l'arrivée d'un enfant, tu as mieux à faire.

D'autant plus que Jean-Mi, au-delà de son propos, n'est que le symptôme d'une société qui a veillé et veille encore à écarter les pères de la sphère du foyer. Le rôle traditionnel de l'homme, du père, est de ramener de l'argent à la maison et de s'assurer de l'abondance matérielle. Pour Jean-Mi, c'est ça « être un bon chef de famille »… Pourtant, la loi a supprimé ce terme en 1970.

## ***Encore loin du compte***

« Le congé paternité a doublé ? C'est énorme ! » Eh bien, pas tant que ça. On pourrait penser qu'il s'agit là d'une avancée incroyable, mais c'est surtout un bel élément de communication. Avant de sauter au plafond et de faire péter le champagne, voyons ensemble les derniers rapports sur le sujet et leurs préconisations.

En 2017, dans une note de l'OFCE (l'Observatoire français des conjonctures économiques), l'économiste Hélène Périvier publie une note intitulée *Réduire les inégalités professionnelles en réformant le congé paternité*. Elle y propose notamment un congé paternité de 6 semaines obligatoires. Et même un financement possible par une simple modification du quotient conjugal, qui permettrait une contribution fiscale plus égalitaire. Je ne reviendrai pas en détail sur cette modification mais je t'invite à écouter cette économiste dans l'épisode « Congé paternité, le miracle » du podcast *Les Couilles sur la table*.

En 2018, c'est au tour de l'IGAS (l'Inspection générale des affaires sociales) de rendre un rapport évaluant le congé paternité à la demande du gouvernement. Là aussi, l'organisme préconise une durée de 6 semaines obligatoires, si la volonté est d'atteindre des résultats substantiels en matière d'égalité professionnelle.

Enfin, c'est en 2020 qu'arrive le très attendu rapport de la commission des 1 000 premiers jours, toujours organisée par le gouvernement. Cette commission d'experts, présidée par Boris Cyrulnik et avec la participation d'Isabelle Filliozat, rend une décision très claire sur le sujet du congé paternité : il faut le passer à 9 semaines. Ainsi, une partie du congé se prendrait après la naissance pour accompagner la mère et l'enfant et établir les bases d'une relation harmonieuse. L'autre partie se prendrait à la fin du congé maternité pour gagner en confiance et en autonomie tout en assurant la prise en charge du travail domestique. Cela permettrait à la mère un retour au travail plus serein.

Entre toutes ces options possibles et viables économiquement – de 6 semaines obligatoires jusqu'à 9 semaines préconisées –, le choix de 4 semaines dont 1 obligatoire laisse perplexe ! Soulignons que cette possibilité est bien mentionnée dans le rapport de l'IGAS de 2018 comme un choix intermédiaire… pour aller plus loin ensuite !

Certains pays ont fait le choix ambitieux de faire évoluer leur congé paternité de façon progressive en rajoutant des semaines chaque année. C'est le cas de l'Espagne, qui a étendu son congé paternité à 8 semaines en avril 2019, puis à 12 semaines en 2020 et à 16 semaines en 2021. Soit la durée du congé maternité. Cet exemple espagnol est important car il a été maintenu au plus dur de la crise sanitaire que nous avons connue. Preuve qu'au-delà des arguments économiques, c'est bien la volonté politique qui remet au centre la place de l'enfance, de la parentalité et de la parité.

Au Portugal ou aux Pays Bas, le congé dure jusqu'à 5 semaines. Et dans les pays nordiques, réputés très en avance sur les sujets familiaux et de parité, nous passons à des périodes bien plus grandes. En Finlande, il est possible d'aller jusqu'à 27 semaines. Au Danemark, cela varie entre 12 et 34 semaines. En Suède, de 12 à 78 semaines !

Dans ces pays, le niveau d'indemnité varie généralement entre 70 et 100 % du salaire.

Dans d'autres pays, il n'y a pas de congé paternité mais le père peut partager un congé parental avec la mère.

### « Un bon retour sur investissement »

Le lendemain même de l'annonce de cette mesure, Boris Cyrulnik comparait la décision française à celles de la Finlande ou du Canada : « C'est un pas vers un grand progrès. À mon avis, ce n'est pas suffisant, mais c'est déjà ça. La Finlande ou le Québec demandent un an de congé paternité. C'est un bon retour sur investissement, car depuis qu'ils font ça, ils ont fait disparaître l'illettrisme, ils ont fait diminuer la psychopathie et ils ont diminué les suicides de 40 % en dix ans. [...] Quand on fait intervenir le père très tôt, la mère est sécurisée. Quand la mère est sécurisante, le bébé se débrouille très bien pour se développer. »

En bonne connaisseuse des pratiques internationales, Violaine Dutrop recommande donc « un congé équivalent à celui de la mère, correctement rétribué, incluant huit semaines consécutives et obligatoires, dont deux au minimum prises après le congé maternité pour faciliter le retour au travail de la mère. » Cette vision, je la partage intégralement… Et toi ?

Astuce

## Être présent plus longtemps grâce au congé parental

Le congé parental est une autre voie possible pour être présent pour ton enfant, ta famille et pour toi-même. Il peut se prolonger jusqu'au troisième anniversaire de l'enfant. Dans les cas de naissance ou d'adoption de trois enfants ou plus, il peut s'étendre jusqu'au sixième anniversaire. Tu peux choisir de le prendre à temps complet ou à temps partiel, avec un minimum de 16 heures de travail hebdomadaires.

Aujourd'hui, il est principalement pris par les mères et très peu par les pères (seulement 1 % !). Cela s'explique notamment par sa très faible indemnisation : si les ressources rendent le foyer éligible, l'aide s'élève au maximum à 392 € par mois. Il est évident que ce choix pèse lourd économiquement dans une famille, surtout quand l'inégalité salariale met les hommes en position de premier salaire dans le foyer.

Cela dit, si tu as la possibilité de prendre ce temps supplémentaire, si tu as pu faire des économies, je ne peux que t'encourager à le faire ! Personnellement, j'ai pu prendre deux mois supplémentaires et c'était probablement l'une des meilleures décisions de ma vie.

### *Soutenu par les entreprises*

Tu trouveras peut-être aussi des solutions alternatives du côté de ton entreprise, notamment si tu travailles dans un grand groupe. Chez Aviva ou chez Airbnb, par exemple, tu pourras avoir 10 semaines, contre 12 semaines chez Google, 17 chez Facebook, ou encore 24 chez Volvo ou Spotify. Mais la palme revient à Netflix, qui propose jusqu'à 52 semaines ! Toutes ces entreprises ont bien compris que la qualité de vie et l'équilibre vie professionnelle/vie personnelle sont des points importants pour les salariés d'aujourd'hui.

Cela peut malheureusement être plus compliqué de mettre en œuvre le congé paternité dans les très petites, petites et moyennes entreprises (TPE-PME). Mais sache que les représentants de ces structures ont aussi réclamé un congé paternité plus long. Cela peut paraître surprenant, mais c'est assez logique. Sur un mois, un remplaçant potentiel n'a pas forcément le temps d'être productif alors que sur une période plus longue, il pourrait le devenir. D'autant plus que le père en congé paternité ne pèse plus dans les charges de l'entreprise puisqu'il est payé par la Sécurité sociale.

## *L'allié du post-partum*

Un dernier argument pour prendre ton congé, et non des moindres, est celui du post-partum chez les mères. Dans cette période sensible, il est possible que la maman subisse une dépression post-partum (DPP), un trouble dépressif très sérieux qui touche environ 20 % des mères selon une étude publiée en 2021 (voir page 95). Prendre ton congé paternité est aussi un moyen d'être présent, soutenant et à l'écoute de ta compagne qui vit un grand bouleversement. D'ailleurs, vous le vivez tous les deux. Quel meilleur accompagnement, pour l'un comme pour l'autre, que la présence attentive, attentionnée et remplie d'amour de la personne avec qui on vient de donner la vie ?

Pour mieux comprendre le sujet, je t'invite à écouter les concernées qui te sont contemporaines. Comme pour notre ami Jean-Mi le Boomer, les mères d'autres générations n'ont pas forcément vécu les problématiques sociales d'aujourd'hui. Pour écouter cette parole, tu as le choix du support : des livres comme *Ceci est notre post-partum* d'Illana Weizman ou *Les Secrets du post-partum* de Sophie Baconin. Tu trouveras aussi des podcasts sur le sujet comme *La Matrescence* de Clémentine Sarlat.

## *Tu veux être un papa engagé ?*

Au travers de tous les exemples cités, on voit bien que le sujet est politique. Il dépend de la volonté de nos représentants, qui doivent traduire celle du peuple. C'est pour cela qu'il est essentiel que ce nouveau congé, si imparfait soit-il, soit pris par un maximum de pères et de coparents. C'est nous qui portons cette responsabilité pour avoir les arguments nécessaires à la suite de son évolution.

Nous souhaitons tous le meilleur pour nos enfants et c'est grâce à nos actions d'aujourd'hui qu'ils connaîtront des lendemains meilleurs. Cette volonté doit nous animer, pour nous comme pour les générations futures. La prise du congé paternité est un sujet qui touche à de nombreux éléments de notre société : l'égalité homme-femme par bien des points, la place donnée à l'enfance et au lien parent-enfant, la santé des mères comme des pères et la place que l'on veut donner à l'équilibre de vie dans la société.

Alors encore une fois, et pour finir : papa, prends ton congé.

Tu le savais ?

## « Devenir père », c'est mieux vu que « devenir mère »

Là où les femmes sont sanctionnées professionnellement et économiquement à l'arrivée d'un enfant, les hommes en tireraient profit ! Une analyse menée par la sociologue américaine Michelle J. Budig a montré que les hommes profitent en moyenne de 6 % d'augmentation par enfant alors que les femmes perdent 4 % par enfant. Cette inégalité se traduit aussi par l'existence du « risque maternité » lors des recrutements auquel nous échappons. Le congé maternité est obligatoire et dure 16 semaines : certaines entreprises considèrent cela comme une absence qui aura un coût de productivité…

# C'est le jour J : l'accouchement

Il y a neuf mois, tu apprenais que ta compagne était enceinte. Après tant de préparation, de réflexion, après l'organisation de vos congés… c'est le moment ! Le scénario de l'accouchement n'est jamais le même pour chaque femme, tu l'as compris : cela va dépendre de votre projet de naissance. Mais, dans la plupart des cas, surtout pour un premier enfant, cela se passe à l'hôpital.

Au moment où j'écris ces lignes, nous sortons d'une période où les conditions sanitaires ont temporairement exclu certains pères des salles d'accouchement. L'interdiction a été difficile à accepter, pourtant, la présence du père n'a pas toujours été une évidence. L'usage dépend énormément des époques et des cultures.

## La place du père à travers les âges

Avant les années 1950, l'accouchement se passait le plus souvent à domicile et le choix de la présence du père – bien qu'il ne soit pas fréquent – dépendait de la volonté de chacun. Avec la généralisation de l'accouchement à l'hôpital, la présence des pères est remise en question dans l'ensemble du monde. Elle est notamment vue d'un mauvais œil par les médecins de l'époque, qui craignent d'être remis en question dans leur pratique et leur autorité. L'accès à la salle d'accouchement leur est donc interdit.

À partir des années 1960, comme les femmes sont médicamentées et anesthésiées pendant le travail et qu'elles finissent souvent inconscientes, la présence du père ne semble pas nécessaire. L'enjeu consiste à mettre l'enfant au monde en maintenant tout le monde en vie et en bonne santé physique. Il n'y a pas ou peu de considération pour l'état moral et mental des mères comme des pères.

Tu as peut-être déjà vu des scènes de films du XXe siècle où le père patiente en salle d'attente en faisant les cent pas. C'était effectivement la norme jusque dans les années 1970-1980. Puis le droit du père à voir naître son enfant et celui de la mère à être soutenue dans ce moment important ont été entendus. Grâce à des personnels de santé plus ouverts et à l'évolution des pratiques, les pères ont été petit à petit admis en salle d'accouchement. On commencera par leur dicter exactement comment se comporter jusqu'à ce que le couple atteigne une certaine autonomie dans ce moment intime. Parfois même, il est possible de lire que c'est grâce au père que l'accouchement a eu lieu… Mais là, il ne faut pas pousser, c'est justement la mère qui le fait !

Je n'ai pas la réponse à cette interrogation ! Tout dépend de vous, de votre projet, de la façon dont vous l'avez préparé. Ce qui est intéressant dans cette question, c'est qu'à un moment ou à un autre tu vas te la poser. Pris dans un mélange d'excitation, de peur, d'amour, de joie, de stress… c'est bien normal qu'à un moment, tu aies un doute. Et ce sera pareil pour la mère. Votre préparation et votre amour vous permettront d'être chacun à votre tour le phare dans la tempête intérieure de l'autre.

L'important est de ne pas se comparer. Oublie la performance. Il y a des pères extrêmement proactifs qui pensent à tout, anticipent et ont l'air parfait. Il y a des pères qui donnent la main et qui sont juste « là ». Les uns ne valent pas mieux que les autres. Ce qui importe, c'est de répondre aux besoins de la mère. Quand tu ne sais pas ou que tu ne peux pas, demande de l'aide. Ce n'est pas faire preuve de faiblesse. Et puis, je vais te dire un truc : tu as le droit d'avoir peur, tu peux même l'exprimer. Accepter une peur et la reconnaître sont les premiers pas pour la surpasser. Cela te permettra justement d'être disponible pour la mère. Dans mon cas personnel, avec mon histoire, quand j'ai entendu « On part au bloc pour une césarienne » … je me suis pétrifié un moment, j'étais submergé par mon émotion.

### *Gérer sa peur*

Respirer et boire un grand verre d'eau aide à traverser le moment. Déjà, parce que tu envoies hydratation et oxygène dans ton corps, c'est physiologique. Ensuite, parce que le temps de faire ça, tu laisses la raison prendre le relais. Ce conseil est bon à prendre dans plein d'autres situations et tout le long de l'accouchement. Il est important que tu penses à toi, à boire et à respirer. D'autant plus que pour un premier enfant, le travail peut durer longtemps – à savoir sept heures en moyenne, sans compter la phase de latence (voir ci-après).

Autre point dont tu devrais discuter en amont avec la mère : faut-il prévenir l'entourage proche au départ pour la maternité ? C'est votre décision, bien sûr. Beaucoup de parents préfèrent prévenir après l'arrivée du bébé pour vivre pleinement ce moment qui leur appartient, sans sources de stress éventuel supplémentaires.

# Le déroulement de l'accouchement

## La phase de latence

Passons un peu à la pratique. Même dans l'hypothèse d'un accouchement à l'hôpital, il y a une phase à la maison appelée « phase de latence ». Tu peux dès ce moment-là avoir un rôle très actif auprès de ta partenaire, par exemple :

- L'aider à marcher. Cela peut la soulager et même accélérer le travail.
- L'aider à changer de position, parfois en servant de support.
- Gérer la prise en note de la durée et de la fréquence des contractions.
- Lui préparer un bain (ou une douche si elle préfère) et l'aider à y aller et à en sortir au besoin. L'eau chaude est vraiment votre alliée !
- Lui faire des massages, l'accompagner dans des exercices de respiration ou avoir des paroles rassurantes.

Cette liste est bien sûr non exhaustive ; appliquez les conseils de la sage-femme ou de la doula qui vous suit, selon vos souhaits.

## Le départ à l'hôpital

Ensuite, c'est le départ à l'hôpital. Pas besoin de jouer à *Fast & Furious* pour y aller. *A priori*, tu as déjà fait le trajet. Avant de partir, assure-toi d'avoir bien pris le sac et de quoi boire et manger pour toi aussi. Une fois en salle de travail, c'est la période active qui commence : les contractions sont plus rapprochées et plus intenses. Tu risques de te sentir impuissant face à la douleur que pourra exprimer ta compagne. Voir une personne que l'on aime souffrir n'est jamais un moment agréable. Garde à l'esprit que cette douleur a une utilité physiologique, elle n'est pas là pour rien. Tu peux continuer à soutenir ta partenaire avec les mêmes gestes que pendant la phase de latence : les massages, les respirations, et t'assurer que les soignants respectent le projet de naissance.

Il y a une chose qui peut paraître très cliché mais qu'il faut éviter de faire : la contredire et/ou la contrarier. Nul stéréotype de genre derrière ce conseil. Pense juste aux moments où tu as souffert dans ta vie et où une personne te disait « Tu devrais plutôt faire comme ça » ou « Là, tu le fais mal » ... Adopte plutôt la posture de celui qui apporte des solutions. Si tu as l'impression qu'une position n'est pas ou plus efficace, tu peux en proposer une autre au lieu de dire « Ça ne sert à rien, là ». Tu dois faire preuve de soutien inconditionnel, même si ce n'est pas forcément agréable pour toi sur le moment.

### *La poussée*

La plupart du temps viendra ensuite la poussée. Selon la position adoptée par la mère, tu pourras plus ou moins la soutenir physiquement au besoin. Lui tenir la main si elle veut. L'encourager beaucoup. Jusqu'à ce que le bébé apparaisse. Disons-le tout de suite ici, parce que tout le monde se pose la question : oui, pendant la poussée, il peut y avoir des selles qui sont éjectées. Voilà, tu es au courant.

### *Couper le cordon*

Attention, une fois que le bébé est sorti, ce n'est pas fini pour autant, il reste encore du travail. Bien souvent, on te proposera de couper le cordon. Cette pratique était totalement anodine jusqu'aux années 1970. Sous l'influence de la psychanalyse sur le corps social, cet acte commis par le père se veut comme une première séparation entre l'enfant et la mère. Selon Jacques Lacan, qui a laissé une belle empreinte dans la psychanalyse et la société, le père se place ainsi dans un rôle de « premier étranger », dont la mission est de « s'interposer dans la relation entre la mère et l'enfant ». Fort heureusement, cette théorie a depuis été complètement écartée. Malheureusement, comme tu l'as déjà compris sur d'autres sujets, certaines idées persistent car elles se sont imprimées dans la culture d'une époque. Donc ce cordon, tu le coupes si tu veux. Si cela te fait plaisir ou même si cela ne t'importe pas. Tu peux le voir comme une tradition dont tu connais les origines et que tu peux maintenant dépasser.

### *Le peau-à-peau*

Le plus important, c'est que, maintenant, bébé est là. Toujours selon vos souhaits, ce sera peut-être le moment du premier peau-à-peau avec la mère, puis avec toi. Cette pratique consiste à garder le nourrisson contre toi avec une couverture par-dessus car il ne peut pas réguler sa température corporelle seul. À ce moment-là, tu as ton enfant sur toi, tu sens sa peau, et la chaleur de son corps si petit. Juste en étant là, disponible, présent, sécurisant, tu es déjà un des êtres les plus importants de sa vie. D'ailleurs, l'enfant ne peut pas vivre sans toi. Sincèrement, savoure ce moment.

Ouvre-toi complètement à ce que tu peux ressentir, si intense et inconnu que ce soit. Je me rappelle encore cette découverte d'un amour que je ne connaissais pas. L'amour inconditionnel puissant et immédiat qui m'a submergé comme un tsunami. À cet instant précis, j'ai su que quoi qu'il arrive, quoi qu'elle fasse, qui qu'elle soit, je l'aimerais.

Pour autant, tous les pères et toutes les mères ne ressentent pas cette révélation. Cela ne fait pas de vous de bons ou de mauvais parents et ça peut même arriver bien plus tard. Tout dépend de l'histoire et du parcours de chacun.

## *Les premiers instants*

Ensuite viennent généralement la première tétée puis le passage en chambre. Il est possible que tu te retrouves seul avec le bébé pendant que la mère récupère. C'est le moment de faire connaissance avec ce nouvel être qui vient d'arriver, pourquoi pas pendant un peau-à-peau. Dans l'épisode « L'enfant est un géant » du podcast *Papatriarcat* et sur la base des travaux de Jean-Marie Delassus, André Stern nous expliquait qu'en sortant d'un univers homogène où tout est forcément à la bonne température et à disposition en permanence, l'enfant vient de percuter le monde dans toute sa diversité, à commencer par le chaud et le froid.

Encore une fois, il y a bien des scénarii possibles. Ce que j'ai décrit n'est qu'une possibilité parmi tant d'autres. La naissance peut se faire à la maison tout comme à l'hôpital, de différentes façons dans les deux cas. Que ce soit une césarienne programmée, un accouchement avec ou sans péridurale, ou un accouchement physiologique qui finit en césarienne, l'un ne vaut pas plus que l'autre. Ça ne résume en rien vos compétences parentales. Ce sont des expériences différentes, qui apportent des choses différentes.

# Bébé est là !

Eh ouais, mec ! Il est là et tu ne peux plus revenir en arrière ! Tu as tout à fait le droit de trouver cela un peu flippant. Il y a tellement de choses auxquelles tu t'es certes entraîné, mais que tu n'as sûrement jamais pratiquées en vrai. Oui, tu vas avoir peur de lui faire mal. Oui, tu vas te sentir un peu benêt et maladroit par moments. Nous parlions d'amour inconditionnel juste avant, eh bien ce qui est formidable, c'est que malgré tous tes défauts, quoi qu'il arrive, cet enfant t'aime parce que tu es comme tu es. Même si tu as parfois l'impression du contraire, l'amour inconditionnel marche dans les deux sens.

## *Place à la vie à trois (ou plus selon les cas !)*

Te voilà maintenant en congé paternité pour accueillir pleinement ton enfant et accompagner la mère dans sa suite de couches. Et cela commence immédiatement avec les premiers soins à apporter à l'enfant. C'est le moment d'acquérir ou d'exercer les compétences de base comme le bain, le changement de couche ou les soins du cordon. Surtout, ne sois pas avare de questions au personnel soignant, encore disponible pour vous. Toute question est bonne à poser pour se rassurer. Tu vas rencontrer certains éléments techniques concernant les soins. C'est le moment d'écouter, de faire et de prendre tes responsabilités de père.

Il y a de fortes chances que tu commences à être confronté à des comportements totalement involontaires de la part du personnel soignant ou du personnel administratif, qui ne vont s'adresser qu'à la mère. Soyons clairs, ce n'est pas à prendre personnellement. La réaction la plus efficace est de demander tranquillement que l'on s'adresse à toi (ou à toi AUSSI selon le sujet). Cela te permettra de ne pas rater les informations essentielles sur les soins à apporter à l'enfant comme à la mère.

## *Premiers jours à la maternité*

Vous allez normalement rester quelques jours à la maternité et donc quelques nuits. Je ne peux que te conseiller vivement de dormir sur place. Tout simplement parce qu'un enfant, on doit s'en occuper 24 heures sur 24. Mais aussi parce que la mère, elle, n'a pas le choix de rester… et cet enfant, vous l'avez fait à deux. À toi les joies des promenades nocturnes dans les couloirs de l'hôpital avec ton bébé dans les bras, sûrement un petit doigt dans la bouche et quelques regards complices avec les autres pères au regard hagard et cerné. C'est aussi pendant ces moments que, malgré la fatigue, tu pourras partager des instants uniques avec ton enfant. Ceux qui vous appartiennent, uniquement à vous. Tu te retrouveras sûrement à raconter, émerveillé, des détails qui peuvent paraître anodins mais qui sont des découvertes exceptionnelles pour toi. Si votre bébé est déjà en cododo avec vous à la maternité (oui, il existe des berceaux adaptés là-bas aussi !), c'est l'occasion de se familiariser avec les bruits qu'il peut faire la nuit tout en étant proche des professionnels de santé. C'est une question que j'ai tellement entendue entre nouveaux pères qui pratiquent le cododo : « Non mais tu savais que ça faisait autant de bruit la nuit, un bébé ?! »

## *Une équipe de deux*

N'hésitez pas à prendre le temps de vous consulter tous les deux, à réfléchir à tous les sujets sur lesquels on pourrait vous poser des questions et auxquels vous n'avez pas encore pensé, quitte à demander à la personne qui vous accompagne (souvent une soignante) de vous laisser un moment. Tu vas peut-être te dire que c'est exagéré, mais c'est pourtant très important. Vous avez tous les deux besoin de vous sentir soutenus. Commencer par faire équipe est un vrai coup de pouce pour les semaines et les mois qui arrivent. Tout en gardant à l'esprit, non pas que vous puissiez vous tromper, mais que vous *allez* vous tromper, comme tous les parents de la Terre. Au moins, vos erreurs, vous les ferez ensemble. Vous en rirez souvent, vous vous en voudrez aussi parfois. Dès le début, votre équipe sera mise à rude épreuve. Parfois par le personnel soignant, mais surtout par l'entourage et votre environnement.

Justement, concernant l'entourage. Un de tes rôles peut être de veiller à ce que les visites se passent dans la fréquence et les conditions que vous avez souhaitées. Là-dessus, c'est vraiment le ressenti de chacun. Beaucoup de nouveaux parents aiment rester seuls à la maternité quelques jours. D'autres aiment être entourés rapidement. Il est agréable de rester seuls le temps d'apprendre les gestes de soin auprès des professionnels sur place. Cela permet de gagner en confiance, surtout si tu ne les as jamais faits. Ensuite, tu peux les montrer à tes propres parents par exemple, en restant ouvert aux échanges constructifs. Oui, j'ai bien écrit « constructifs » parce que vous allez aussi être sous le feu de remarques et conseils non sollicités. Parfois pertinents, parfois basés sur des croyances personnelles ou tout simplement sur des erreurs d'une autre époque.

## *Tout le monde a son mot à dire*

Des « conseils », vous allez en entendre à la pelle, de la part des parents, des amis et même de parfaits inconnus. Si lourds qu'ils soient, ces conseils sont dans la grande majorité des cas prodigués avec une réelle intention d'aider. Alors, si tu en as l'énergie, cela vaut souvent le coup d'essayer de comprendre le contexte de la personne qui le donne, même si elle cherche absolument à te convaincre. J'insiste sur « si tu en as l'énergie ». C'est aussi un moyen pour vos proches d'exprimer leur envie d'aider et de s'impliquer dans votre nouvelle situation. Dans la limite de ce que vous souhaitez, je ne peux que vous conseiller de demander de l'aide et de laisser de la place aux gens bien intentionnés qui vous entourent. Cela pour une raison très simple : vous en avez besoin.

Aucun d'entre nous n'est fait pour rester seul avec un enfant en bas âge ne serait-ce qu'une journée. Tu te rappelles l'espèce nomade ? Les changements sociaux – finalement pas si lointains – nous ont conduits à nous isoler dans nos maisons, à l'opposé de la vie en groupe de nos origines. Alors bien sûr, sans enfants, on est tranquilles. Parfois casaniers devant des séries. Pour moi le premier, c'est cool. Mais avec un enfant, le sentiment d'isolement va venir vous percuter aussi fort qu'une baffe d'Obélix sur un Romain (si tu ne comprends pas la référence, ne parlons pas de mon âge). Vraiment, entourez-vous. Souvent, nous dressons des listes de naissance avec des biens matériels qui sont soit inutiles, soit vite obsolètes. En tout début de post-partum, vous aurez besoin de sauvegarder un maximum d'énergie. C'est là que votre entourage peut prendre sa place, comme c'est le cas dans d'autres cultures.

Pour vous donner des idées, Ingrid Bayot a imaginé un « carnet de chèques-cadeaux de naissance » pour la famille et les amis[1]. Ils s'engagent à venir fournir des plats préparés, des services de ménage, etc. Cela peut aussi être de boire un café sans parler de bébé mais de comment vous vous sentez, vous.

1. Vous le retrouverez gratuitement sur www.ingridbayot.com/matriel-pdagogique.

# La dépression du post-partum (DPP)

Désolé de casser le mythe mais être parent, ce n'est pas que du bonheur. Il faut sortir de cette parentalité fantasmée issue de dynamiques sociales natalistes. C'est du bonheur, oui, mais clairement PAS QUE. Dans les premiers temps c'est avant tout un grand bouleversement. Cela te frappera sûrement en rentrant chez vous : tout est pareil qu'avant et, pourtant, tout est différent. Cela vaudra pour tellement de moments de la vie ! Tu n'as plus à te soucier uniquement de toi. Bien sûr, tu prenais soin de tes proches dans une certaine mesure. Tout en sachant qu'ils avaient leur autonomie. Avec un enfant, un nourrisson, tu vas découvrir ce que c'est que de prendre soin d'un être qui ne peut vivre sans toi. Cela peut être un grand choc et, comme nous l'avons évoqué, l'isolement n'est pas votre ami.

## *Les chiffres du post-partum*

La dépression du post-partum touche environ 20 % des mères et le suicide est l'une des premières causes de décès chez les nouvelles mères (13 %). Pour mieux appréhender le sujet, tu dois savoir que cet état est différent du « baby blues ». Derrière cette appellation presque mignonne se trouve un état physiologique dû à l'effondrement hormonal après l'accouchement. Il concerne 80 % des femmes. Il se manifeste assez rapidement après l'accouchement (environ trois jours) et peut durer d'une semaine à dix jours. Forcément, après neuf mois sous hormones, la chute peut être rude.

À cela il faut rajouter l'épreuve de la naissance, la fatigue, le manque de sommeil, des difficultés potentielles dans les expériences de la maternité (des débuts difficiles avec l'allaitement, par exemple). Cet état reste cependant passager et ne vient pas s'ancrer dans la durée.

La dépression du post-partum, elle, arrive généralement six à huit semaines après l'accouchement mais cela peut aussi être plus tard, jusqu'à trois ans. C'est un état qui vient perturber le quotidien de la mère et l'amener à avoir des comportements qu'elle ne souhaite pas, ce qui accentue une culpabilité et renforce l'état dépressif. Un cercle vicieux. Parmi les symptômes on retrouve le manque de plaisir à s'occuper de son bébé, une fatigue extrême, une irritabilité, des insomnies ou des hypersomnies, de la tristesse, des idées noires… tout cela étant vécu comme une défaillance personnelle. En même temps, quand on « vend » la maternité aux femmes comme une sorte d'état de grâce permanent qui va leur apporter le bonheur perpétuel et le fait de se sentir « complète », il est assez logique qu'elles subissent un choc lorsqu'elles rencontrent la réalité et les difficultés des nouveaux parents.

## *La phobie d'impulsion*

Il existe aussi un phénomène qui peut intervenir dans le processus de la dépression post-partum : la phobie d'impulsion. Ce terme est utilisé lorsque des parents parlent de s'être imaginé, de façon très concrète, jeter leur bébé par la fenêtre, ou l'étouffer, par exemple. Oui, ça paraît horrible dit comme ça, mais ça arrive. Garder ce sujet tabou n'aide personne et coûte des vies. Il n'y a pas une seule cause à la phobie d'impulsion. Elle est multifactorielle et tu comprends que l'état et les symptômes de la dépression du post-partum viennent favoriser son apparition. Bien souvent, par honte et/ou culpabilité, les parents n'osent parler de ces visions d'horreur. Il est pourtant essentiel de le faire pour avancer positivement sur le sujet. Sinon, cette peur peut s'installer et faire des ravages, chez le parent en premier. D'ailleurs, le terme « phobie » est ici un abus de langage. La psychiatrie place cet état plutôt dans les troubles obsessionnels compulsifs (TOC). En effet, il ne s'agit pas d'une peur survenant à cause d'un objet ou d'une situation précise mais d'une peut quasi permanente et obsessionnelle de « mal agir ». Difficile de savoir parfois si cette peur est un facteur de survenue de dépression du post-partum ou une conséquence.

## Demander de l'aide

Ce que l'on peut noter, c'est que la pression sociale enjoignant aux mères d'être parfaites est un facteur qui aggrave les risques de dépression du post-partum. Bien entendu, la présence du père est aussi importante. Si le message n'était pas assez clair, je le répète : prends ton congé ! Ta présence soutenante et aidante peut faire la différence. Dès l'apparition des symptômes et encore plus s'ils persistent, parlez-en à votre médecin traitant ou à votre sage-femme.

Certaines associations sont spécialisées dans cette pathologie. C'est le cas de l'association « Maman Blues », qui peut aider les jeunes mères. Il existe aussi des unités mères-bébés dont le personnel est formé à les accompagner sans aucun jugement. Les infirmières puéricultrices sont également compétentes pour favoriser la prise de confiance sur la compétence parentale.

Les « lieux d'accueil enfant-parent » (LAEP) apportent un appui aux parents dans l'exercice de leur rôle, que ce soit par un échange avec d'autres parents ou avec des professionnels. Le service de la Protection maternelle et infantile (PMI) a mauvaise réputation alors qu'il est pourtant un lieu de ressources efficace et important pour les familles et bien présent sur le territoire. Bref, vous allez peut-être avoir le sentiment d'être seuls, et pourtant, vous ne l'êtes pas.

Dans son rapport définitif, la commission des 1 000 premiers jours est très claire : le sentiment d'isolement est la première source de mal-être chez les nouveaux parents. Dans l'Appli 1 000 premiers jours (disponible sur iOS et Android), tu peux accéder à une carte t'indiquant les différents lieux d'accueil et professionnels de santé près de chez toi.

Pas du tout. Ce trouble touche aussi les pères, mais les données manquent. D'après une étude publiée dans la revue *JAMA Psychiatry*, un père sur vingt souffrirait de dépression du post-partum, soit 5 %. Une autre étude menée par l'Université de Western Sydney élève ce chiffre à 13 %. Elle indique également que les hommes devenant pères aux alentours de ving-cinq ans ont 68 % de risques supplémentaires de connaître cette forme de dépression que les jeunes pères de trente-six ans et plus. Si elle s'associe à celle de la jeune maman, elle toucherait alors 50 % des pères.

Du côté des professionnels de santé, le sujet est encore sous-estimé. Chez les hommes, il est bien souvent nié, tout simplement. En effet, il est difficile de se déclarer en mal-être et vulnérable alors que dans la plupart des cas la société, notre entourage et nos croyances nous poussent à penser que nous devons rester solides comme des rocs inébranlables sous les vagues de nos émotions.

Les symptômes notés restent tout de même différents de ceux de la mère. Les professionnels parlent notamment de comportements violents extrêmes, d'une fuite de l'enfant et/ou de la mère et d'un isolement physique. On peut ressentir une anxiété autour de la prise de responsabilité et un sentiment de mise à l'écart. Bien souvent les émotions en réponse sont la colère… et parfois la tristesse.

## *Le résultat de l'éducation genrée*

Tout cela n'est guère étonnant quand on sait que la plupart des hommes ont grandi en connaissant seulement deux, voire trois émotions identifiables. De là à penser que la cause se trouve aussi dans le traitement genré des émotions dans l'éducation des petits garçons, il n'y a qu'un pas. Le père doit être l'homme fort. Celui sur qui on peut compter en toutes circonstances. La psychologue Claire Dahan a déjà déclaré : « Après la naissance de leur enfant, les pères ne se sentent pas autorisés à se plaindre. Ils ne se sentent pas légitimes à ressentir du mal-être étant donné que leur compagne a fait "le plus gros du travail". » Nous nous retrouvons ici face à une belle injonction contradictoire : d'un côté, demander aux hommes de parler de leurs émotions alors que la plupart ne savent pas les reconnaître ; de l'autre, si tu en parles tu risques de te prendre dans les dents que tu es un bel égoïste.

Ce qu'il faut bien comprendre, c'est que tout ce que tu ressens est légitime. Tout comme ce que peut ressentir la mère. L'équilibre se trouve en exprimant ses ressentis tout en laissant la place à ceux de l'autre. Comprendre que ce que TOI tu ressens n'est pas plus important que ce que ta compagne ressent. Finalement c'est t'autoriser à ressentir et à exprimer tes émotions, même si tu n'as pas les bons mots, tout en étant à l'écoute de celles de la mère. Bien entendu, cela peut être trop. Les professionnels de santé sont aussi là pour vous accompagner sur ces questions.

### *Que faire si ça vous arrive ?*

Dans un premier temps, vous pouvez passer un autotest sur le sujet de la dépression du post-partum disponible dans l'Appli 1 000 premiers jours. Il y a toute une section réservée à cette thématique avec les suites potentielles à donner. Ensuite, comme pour la mère, sois présent lors des visites de la sage-femme. Elles sont formées et compétentes pour accompagner les deux parents. Si tu n'es pas à l'aise avec cette idée, tu peux aussi te tourner vers le médecin de famille. Que ce soit ensemble ou seul, il est important d'en parler. Au besoin, tu peux encore faire appel à un professionnel de la santé mentale spécialisé en périnatalité.

La naissance de l'enfant fait parfois réémerger une histoire familiale lourde, c'est le moment de t'en préoccuper. Notre construction psychologique est bien souvent ébranlée, et d'anciens problèmes non résolus peuvent venir polluer ta nouvelle situation de vie. Parce que c'est aussi ça prendre ses responsabilités de père : s'assurer d'être en bonne santé mentale pour sa famille.

## *Prendre soin de soi*

Je conviens que ce n'est pas le passage le plus agréable à lire dans ce livre. Pour différentes raisons, notamment de santé publique, il me semble important de lever les tabous sur les problématiques du post-partum. Les parents sont soumis à différentes tensions qui viennent parasiter cette période si sensible. Honte et culpabilité ressortent souvent. De ne pas être à la hauteur, de mal faire, de ne pas correspondre aux attentes de l'autre ou à celles de l'enfant. Douter est quelque chose de très bénéfique. Douter en permanence est toxique. Tout ça ne fera pas de toi un « mauvais père », bien au contraire. Se responsabiliser sur sa santé mentale, sur ses émotions, sans faire de la mère son psychologue personnel me paraît être une attitude valide pour un père conscient de sa place auprès de ceux qu'il aime. Rappelle-toi que malgré tous tes doutes, tes inquiétudes, tes imperfections, il y a une personne qui va t'aimer inconditionnellement : ton enfant.

Alors laissons de côté la perfection et les comportements attendus par la société, les réseaux sociaux, les médias, etc. : tu fais de ton mieux avec ce que tu as. Pour prendre soin de bébé, les parents doivent prendre soin d'eux. Ce n'est pas de l'aide que nous demandons, mais du soutien. Bien des cultures l'ont compris et continuent d'accompagner cette période de la vie avec empathie.

Parce que le sujet est encore une fois de société et politique et soulève des questions : quelle place faisons-nous à la parentalité et à l'enfance aujourd'hui ? Comment sortir d'une parentalité performative pour laisser le temps à chaque parent de faire son chemin selon ses choix ?

# Paroles de mecs

Comme tu l'as sûrement compris, pour accueillir bébé il convient aussi de se mettre dans les meilleures conditions. Pour lui, pour la mère et pour soi-même. Lorsqu'un lien m'apparaît et me semble tout à coup si évident, je me fais toujours la même réflexion – souvenir de mes formations en management – avec un petit sourire au coin des lèvres : pour bien s'occuper des clients, il faut bien s'occuper des salariés. Il faut donc bien s'occuper des responsables de magasin, et ainsi de suite. Finalement, pour accueillir l'enfant dans les meilleures conditions, il est important de s'accorder aussi le temps d'accueillir le parent que nous commençons tout juste à devenir.

Ces moments, ces doutes, ces changements, tous les pères les rencontrent. Tu peux écouter notre échange avec Fred (@vieuxmachinbidule), un papa engagé pour une parentalité décomplexée.

# Prendre sa place

Passons maintenant à un sujet important pour essayer de répondre à une question essentielle : c'est quoi la place du père ?
Nous commençons à nous connaître, donc tu te doutes bien que nous allons aller chercher des réflexions pour que tu puisses trouver tes propres réponses en balayant quelques croyances au passage.

# Du côté de l'Histoire

## Au tout début de notre espèce

Beaucoup d'entre nous ont dans l'esprit une image très simple de la vie de nos ancêtres nomades. On s'imagine les hommes partant à la chasse et les femmes s'occupant des enfants en cueillant quelques fruits ou herbes par-ci, par-là. Nous savons aujourd'hui que cela est bien éloigné de la réalité. D'une part car l'apport de viande représentait une part minime de notre alimentation, d'autre part car les plus récentes découvertes montrent que les femmes aussi allaient chasser. Nous savons également que l'organisation sociale impliquait que toute la tribu s'occupait des enfants et de leur éducation : femmes, hommes et grands-parents, sans distinction de filiation. Il n'existait ni héritage, ni propriété privée. Intérêts collectifs et individuels, tout était lié.

La sédentarisation apparaît avec la révolution du Néolithique, 5 000 ans avant notre ère. Fini le nomadisme et bonjour l'agriculture ! La domestication de la nature permet l'abondance des ressources, qui entraîne un bond démographique incroyable sur environ 3 000 ans. Une hiérarchisation de la société se met en place, la transmission filiale devient un enjeu majeur. Or, autant la mère peut être sûre à 100 % que son enfant est bien d'elle, autant, à cette époque, l'incertitude peut être de mise pour le père. Certains affirment qu'ainsi naît le patriarcat : le contrôle du corps de la femme pour s'assurer de la bonne transmission de l'héritage.

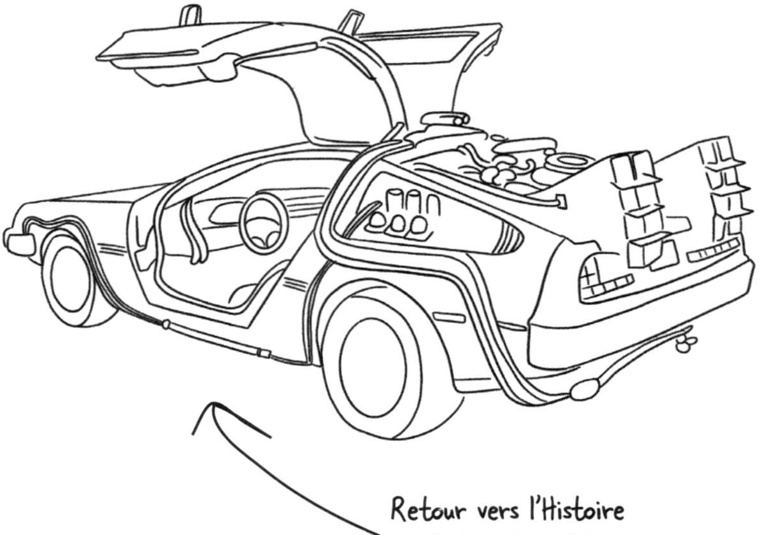

## *L'Antiquité*

De 3000 avant J.-C. à 476 après J.-C., les sociétés sont hiérarchisées à l'extrême : les hommes libres, puis les femmes, puis les esclaves. La transmission du bien est nommée « patrimoine », issu du latin *patrimonium* qui signifie « héritage du père ». Ce dernier a tout pouvoir sur sa famille, de vie comme de mort, et peut décider qui en fait partie ou non. Le *pater familias* dispose alors du *patria potestas*, qui se définit comme « l'exaltation suprême de l'être masculin par la paternité ». Tout cela est bien inscrit dans le droit romain qui rend le père responsable de l'éducation, de l'entretien et de la moralité de ses enfants, à qui il apprend à vivre au service de la cité. Prenons note d'un élément important : le riche citoyen romain n'hésite pas à avoir recours à des nourrices pour éviter les liens affectifs puissants que pouvaient créer les comportements proximaux comme l'allaitement. Limiter l'attachement était aussi un moyen de contrôle patriarcal sur sa famille.

## *Le christianisme*

Arrive ensuite le christianisme, qui amène de nouvelles notions bien utiles pour la puissance patriarcale. Fini les déesses mères païennes, le Dieu unique est un père. Un paradoxe se met tout de même en place : ce n'est plus le père qui accueille l'enfant dans sa maison mais le prêtre qui l'accueille dans la maison de Dieu via le baptême. Le religieux prend le pas sur la filiation. Il rapproche l'image du père de celle de Dieu sous couvert d'obéissance. Les grandes invasions vont ensuite compliquer la donne. Après la chute de l'Empire romain, la figure du père est bousculée, il n'est plus forcément tout-puissant. C'est à partir du xiie siècle que le « nom du père » est à nouveau imposé, les rois cherchant à rétablir la vision du patria potestas. Sous l'Ancien Régime se retrouve donc la trinité : Dieu, roi et père de famille.

## *Le Moyen Âge*

De 476 à la fin du XVe siècle, la société est toujours bien hiérarchisée et très inégalitaire. Le modèle de père va donc varier selon les situations. Le père aristocratique fait des enfants pour assurer soit la transmission des titres et du patrimoine, soit son développement. Les tâches éducatives sont déléguées aux précepteurs chrétiens et à la nourrice. Les nobles habitant ensuite dans les villes où règne l'insalubrité, les enfants en bas âge sont élevés à la campagne. Il n'est pas rare que les parents retrouvent leurs enfants à l'âge de treize ou quatorze ans ; avant, la séparation est complète. Les paysans tiennent également à la transmission du patrimoine (la terre), qui leur est nécessaire pour survivre. Leur éducation se fait par le travail et par l'exemple. Tout le monde travaille la terre et les pères aussi se retrouvent à changer les couches et à s'occuper des enfants aux champs avec eux. Les habitants de la ville sont bien souvent des commerçants ou des professions libérales. Là encore, nous assistons à une certaine présence du père qui travaille, comme la mère. Son rôle est celui d'un patron qui transmet les valeurs du travail mais aussi celui d'un enseignant qui dispense son savoir-faire. La relation avec leurs enfants est plus complexe et c'est dans ces classes moyennes que les liens sont les plus rapprochés entre le père et ses enfants.

## *La Renaissance*

Du XVe siècle à la fin du XVIe, la Renaissance amène l'humanisme et la paternité ne sert plus seulement à définir une autorité mais sollicite des valeurs de liberté et de reconnaissance mutuelle. La sensibilité des pères s'éveille. L'enfant passe d'un rôle d'objet à utiliser à un sujet à aimer. L'héritage devient moral, spirituel, affectif et culturel (pour les riches). Des penseurs comme Rousseau commencent à ébaucher une prise de conscience autour des droits de l'enfant. Ils estiment que l'autorité du père n'est justifiée que par les besoins de l'enfant et que celle-ci doit cesser lorsque celui-ci est autonome. Cela signera la fin de l'autorité absolue.

### À partir de 1789

La Révolution française marque la fin de cet « âge d'or » du patriarche juridiquement tout-puissant sur sa progéniture. Balzac écrit à propos de la mort de Louis XVI : « La Révolution, en coupant la tête au roi, a coupé la tête à tous les pères de famille. » Entre 1790 et 1793, le père perd le droit de déshériter ses enfants. Il ne peut plus favoriser l'aîné par rapport aux cadets, les garçons par rapport aux filles, et le droit de correction est limité. Le père en tant que symbole omnipotent de la loi recule… jusqu'au Code napoléonien de 1804 qui remet en place les pouvoirs du père, y compris le droit de correction. Napoléon écrit d'ailleurs : « La femme est donnée à l'homme pour qu'elle lui fasse des enfants ; elle est sa propriété comme l'arbre à fruits est celle du jardinier. » C'est l'ensemble des droits, autres que ceux des hommes, qui subit un net recul.

### La révolution industrielle

La révolution industrielle française de 1830-1840, tirée par le développement du réseau ferroviaire, va dissocier le lieu du travail et le lieu de vie. Le premier correspond à la sphère publique, régie par les hommes ; le second ressortit de la sphère privée, responsabilité des femmes. Le père pourvoyeur économique part travailler tandis que la mère nourricière et éducatrice reste à la maison pour s'occuper des enfants et du foyer. Au même moment, la psychologie théorise (sur la base de rien du tout) le rôle du père comme devant être distant et autoritaire, alors que la mère est évidemment affectueuse (et docile, tant qu'à faire). Les anthropologues (tous des hommes) calquent alors leurs travaux sur les sociétés préhistoriques sur le modèle de l'homme qui part chasser pendant que la femme reste dans la grotte. La boucle est bouclée. Ce modèle sert le capitalisme, qui enjoint aux hommes de quitter leur domicile pour l'usine et rend ce modèle patriarcal naturel. Théorie largement réfutée depuis lors.

## *Fin du XIXe siècle et XXe siècle*

Entre 1873 et 1896, une grande dépression économique réduit les salaires et contraint mère et enfants à aller travailler. En mettant au monde moins d'enfants, les mères peuvent se permettre d'individualiser leur relation avec ces derniers. Elles assument donc de plus en plus de responsabilités éducatives, mais aussi professionnelles, tout en amenant une nouvelle source de revenus pour la famille. Après le rétablissement du divorce en 1884, c'est presque toujours à la mère que le juge confie les enfants du couple séparé.

À cette époque, la société rappelle sans cesse au père qu'il doit rester loin des jeunes enfants, à commencer par la dénomination de l'école *maternelle*, depuis 1881. Comme l'explique Marie-Élisabeth Fischer dans sa thèse *Le Père à l'épreuve de la prématurité*, la Première Guerre mondiale a ensuite confirmé que les femmes étaient capables d'élever leurs enfants seules et qu'ils ne « s'en portaient pas plus mal ». La figure du père s'en retrouve fragilisée, l'autorité paternelle est remise en cause. « Le temps où il était le seul responsable de la situation socio-économique du foyer est bien loin. Pourtant, si le foyer est en faillite, c'est toujours lui qui reste incriminé directement. »

Le reste du XXe siècle va marquer le recul progressif *juridique* du modèle patriarcal avec la conquête de droits légitimes par les femmes. Le rôle du père et son image d'autorité restent cependant très présents et le statut de « chef de famille » ne disparaît qu'en 1970. C'est aussi à partir de cette période qu'apparaissent les notions de « nouveau père » ou de « papa poule ».

# Prendre sa place auprès de l'enfant

Certains considèrent que le développement de la société patriarcale est régi par le désir de compenser un déséquilibre incontournable pour le père, qui ne peut enfanter. Les pères voudraient atteindre cette « puissance féminine », considérée comme sacrée, en imitant les attitudes et les comportements longtemps attribués à la mère. Aujourd'hui, nous savons que le rôle du père peut s'exprimer de bien des façons. Malgré un historique lourd, il nous est possible de repenser nos rôles et de prendre notre place auprès de l'enfant, d'abord comme figure d'attachement.

## *Le lien d'attachement*

En 1958, la théorie de l'attachement est formalisée par John Bowlby, psychiatre et psychanalyste britannique. À la demande de l'OMS, les travaux de Bowlby avaient d'abord pour but d'expliquer les problèmes de santé mentale et de développement dans les orphelinats. Il va s'inspirer de la psychanalyse et aussi des travaux de Donald Woods Winnicott, un pédiatre et psychanalyste britannique qui a amené des réflexions nouvelles sur le lien mère-enfant. Grâce aux travaux de Harry Harlow et ses recherches en éthologie (science des comportements des espèces animales dans leur milieu naturel) sur l'attachement chez les primates, Bowlby remet en doute le point de vue psychanalytique traditionnel.

À cette époque, il est d'usage de séparer absolument et le plus vite possible enfants et parents. La théorie de l'attachement vient donc bousculer complètement ce qui était acquis jusque-là et a laissé une marque profonde dans les théories éducatives jusqu'à la fin du XXe siècle.

## La figure d'attachement

Selon la théorie de Bowlby, l'enfant recherche essentiellement la proximité avec une figure d'attachement lorsque survient une situation de stress. Il s'agirait d'un mécanisme de survie complexe développé par l'espèce. Les pleurs, par exemple, peuvent être une expression de demande de rapprochement pour réassurer le lien, ce qui est finalement un besoin aussi important que manger, boire, dormir, etc.

Ce statut de figure d'attachement est donné par l'enfant aux personnes qui vont prendre soin de lui (les *caregivers*) de façon stable et sur la durée. Si pertinente et révolutionnaire que fût cette théorie en son temps, elle ne concernait alors que la relation mère-enfant. Mais les travaux réalisés pendant les décennies suivantes démontreront que devenir la ou les figures d'attachement principales ne dépend pas du sexe du *caregiver* mais de la qualité et de la fiabilité du soin apporté à l'enfant. Cette relation forte et efficace permet à l'enfant d'acquérir les ressources nécessaires pour mener sa mission première : explorer. À une époque où on pensait la relation mère-enfant comme devant être coupée rapidement, voire violemment, la théorie de l'attachement fait voler en éclats ces croyances. Car c'est tout l'inverse qu'il faut retenir : l'autonomie vient de l'attachement.

## D'autres études ont pris le relais !

Les études se sont multipliées et continuent de le faire tant le sujet est riche. La psychologue du développement Mary Ainsworth va développer les concepts de base de la théorie de Bowlby durant les années 1960 et 1970 en dégageant notamment les trois premiers schémas de l'attachement dans la petite enfance : l'attachement sécurisé, l'attachement évitant, l'attachement ambivalent. Les travaux de Main, George et Kaplan en 1985 feront émerger un quatrième schéma : l'attachement désorganisé.

Le style d'attachement développé va dépendre des réponses données par le *caregiver*. Les styles évitant et ambivalent sont dits « insécures », mais permettent tout de même à l'enfant d'avoir une stratégie fixe pour répondre au stress provoqué par les réactions négatives ou l'absence de la figure d'attachement. Le style désorganisé, lui, amène des réponses irrégulières et chaotiques. Il est à noter que chaque figure d'attachement (principale ou non) peut avoir un style d'attachement différent. Nous allons tout de suite faire baisser la pression sur un point : le lien d'attachement se travaille dans le temps. Ce n'est pas parce qu'une fois (ou deux, ou trois, hein) la réponse n'est pas appropriée que la vie de ton enfant est foutue, ni votre lien.

# Construction de l'enfant et de la figure d'attachement

Les travaux du docteur Daniel J. Siegel nous permettent d'illustrer les styles d'attachement et la réponse du parent et de l'enfant (jusqu'aux dix-huit mois).

## *Le style d'attachement « sécure »*

### Le parent (ou le caregiver)

Les réponses sont rapides et appropriées grâce à une bonne lecture des besoins, qui sont satisfaits de façon prévisible. Les comportements sont cohérents et fiables. Même si le besoin n'est pas assouvi, le parent est présent et le reconnaît comme légitime (la perte d'un caillou peut être un vrai drame, par exemple !).

### L'enfant

Il utilise le parent comme base de sécurité pour l'exploration. Il part explorer et n'hésite pas à revenir vers le parent en cas de stress ou de difficulté rencontrée. Il proteste en cas de départ de la figure d'attachement et est rassuré par son retour. Il n'attend pas de perfection du parent mais de la fiabilité pour se sentir en sécurité. Son expérience intérieure mérite d'être reconnue et respectée. Il peut s'exprimer sans contrainte et sans peur. Il peut être rassuré par un « étranger » sécurisant mais montre une nette préférence pour ses figures d'attachement principales.

## *Le style d'attachement « évitant »*

Le parent (ou le caregiver)

Il répond peu ou pas à l'enfant stressé, à ses signaux et ses besoins. Il ne reconnaît pas le vécu émotionnel (décourage les pleurs par exemple : « Oh, ça va, ce n'est rien ! »).

L'enfant

Il comprend que le parent est là physiquement mais ne s'intéresse pas à ses besoins ou ses émotions. Il évite dès lors de les communiquer. Dans le jeu, il est distant. Il montre pas ou peu de signes de détresse lors d'une séparation. Il traite les étrangers de la même façon que sa figure d'attachement.

## *Le style d'attachement « ambivalent »*

Le parent (ou le caregiver)

Il fournit des réponses tantôt appropriées, tantôt non appropriées, de manière incohérente. Ses réactions ne sont pas fiables. Il est parfois intrusif. Ces situations peuvent se produire notamment lorsque le parent est lui-même en insécurité, voire paniqué face à l'expression du besoin.

L'enfant

Ne sachant comment la figure d'attachement va réagir, l'enfant est presque constamment en alerte, tendu. Il cherche le contact mais peut le rejeter avec colère lorsqu'il survient. Il n'est pas sûr que quelqu'un sera là pour lui. Il est difficilement apaisé par un « étranger ».

## *Le style d'attachement « désorganisé »*

### Le parent (ou le caregiver)

Un grand décalage existe entre l'expression du besoin et la réponse appropriée. Il provoque une désorientation par des réactions effrayantes ou effrayées. Il utilise la terreur et la violence, pouvant aller jusqu'à la maltraitance (crier sur son enfant et/ou le menacer instillent la peur).

### L'enfant

Il a des réactions de peur (il se fige, par exemple). Il adopte des comportements contradictoires. Il ne se sent en sécurité avec personne. À ses yeux, les gens sont effrayants et on ne peut pas compter sur eux. Il a du mal à explorer, y compris en présence de la figure d'attachement.

### *La « situation étrange »*

Mary Ainsworth a imaginé une procédure, qu'elle a appliquée à des mères et à leur enfant de neuf à dix-huit mois permettant d'observer l'attachement en jeu. Je précise que cette procédure a été réalisée plus tard avec des pères et dans différentes cultures, et les résultats observés sont identiques. Seul le lien compte. L'enfant est donc observé en train de jouer dans un lieu nouveau pour lui alors que le parent et une personne inconnue entrent et sortent à différentes reprises de la pièce. Les comportements observés sont l'exploration du lieu, la réaction de l'enfant au départ du parent, l'inquiétude face à l'inconnu, et surtout la réaction au retour du parent. Dans cette situation :

▶ L'enfant « sécure » vient au contact du parent à son arrivée, retourne jouer quand il est seul ou face à l'inconnu.

▶ L'enfant « évitant » ignore le parent à son retour, continue à jouer quand il est seul ou face à l'inconnu.

▶ L'enfant « ambivalent » ne se calme pas au retour du parent, même dans ses bras, et est réticent à retourner jouer.

▶ L'enfant « désorganisé » s'approche du parent à son retour, mais semble désorienté. Seul ou face à l'inconnu, il finit par éviter le contact et peut se figer au sol.

▶ Le style d'attachement évolue dans l'enfance, l'adolescence et jusqu'à l'âge adulte. Il est intéressant de savoir que chaque style d'attachement de l'enfant a son corollaire adulte. Respectivement : l'attachement sécure (facile à trouver !), l'attachement détaché, l'attachement préoccupé et l'attachement craintif (ou non résolu). Pour bon nombre d'entre nous, comprendre notre relation à l'attachement, par rapport à nos comportements adultes, permet de mieux appréhender nos problématiques émotionnelles, comportementales et relationnelles. Cela dit, l'évolution de ce lien d'attachement n'a rien d'irrémédiable et ne définit pas qui nous sommes mais la façon dont nous percevons le monde social.

# La petite enfance

Bien que l'enfant ait des figures d'attachement principales, il peut tout à fait, et souvent très facilement, créer des liens d'attachement avec d'autres donneurs de soin : une assistante maternelle, un grand-parent, un oncle, une tante, un·e ami·e de la famille, etc. Maintenant que tu connais le fonctionnement d'origine de notre espèce, cela ne doit pas te surprendre. Au temps où nous étions nomades et où le soin et l'éducation des enfants dépendaient de tous, nous avons naturellement cultivé l'attachement sécure, un système de survie correspondant à nos besoins physiologiques, affectifs et sociaux. Pour créer ce lien, l'espèce a développé des systèmes de récompense biologiques (le petit shoot d'hormones) que nous appelons aujourd'hui des comportements proximaux.

Nous en avons parlé en première partie : le portage, le cododo, le peau-à-peau, l'allaitement... C'est ce qui fait qu'un enfant a le réflexe de s'accrocher à toi quand tu le portes ou qu'il se réveille plein de fois dans la nuit. Alors bien sûr, comme l'histoire patriarcale a rangé le soin aux enfants du côté des femmes, tu entendras surtout parler de « maternage proximal ». Terme intéressant puisqu'il encourage les comportements facilitateurs en les centrant sur la mère. Pour une espèce grégaire, s'occuper d'un bébé « à deux » est déjà peu. Imagine les conséquences que cela peut avoir si une seule personne s'occupe de l'enfant... C'est là que ton rôle est important. Il ne s'agit pas d'aider la mère, mais d'assumer ton rôle de père, de donneur de soins, de figure d'attachement et de soutien auprès de la mère en premier lieu, comme dans une équipe.

# Le cercle de sécurité

Alors tu peux dire au revoir à la vision du père mâle dominant dont le rôle est d'être la figure d'autorité crainte par l'enfant. Celui qui doit absolument dissoudre le lien entre la mère et l'enfant (tu te souviens, le cordon ombilical ?). C'est au contraire en offrant à ton enfant une présence sécurisante et rassurante que tu lui serviras de camp de base pour partir explorer le vaste monde. Bien entendu, il y reviendra si besoin. Ces situations sont souvent représentées par un « cercle de sécurité », théorisé par Cooper, Hoffman, Marvin et Powell en 2000.

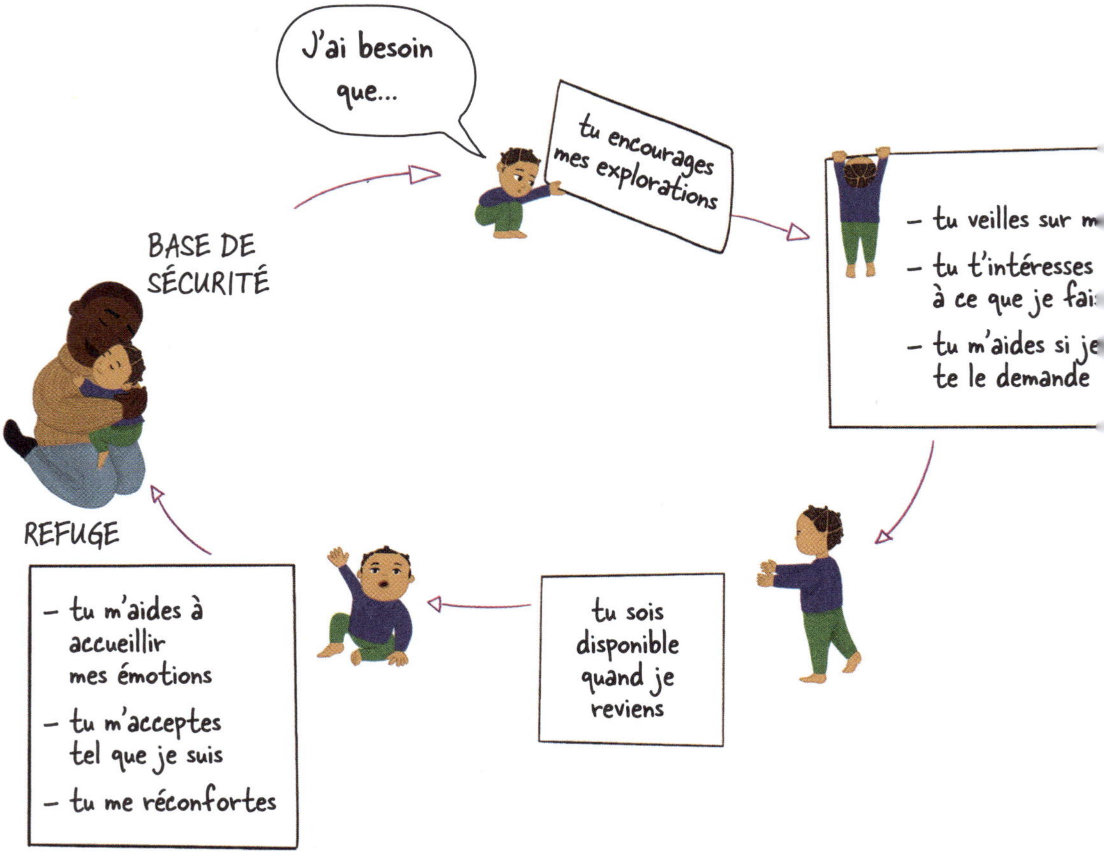

## Un facteur d'autonomie

Quand tu entendras des remarques comme « Tu le couves trop ! », « Tu vas le rendre dépendant ! », sache que c'est justement le contraire. L'autonomie vient de l'attachement sécure. Certaines situations pourront te mettre mal à l'aise et te faire douter. Je vais te donner deux exemples bien connus des parents :

### L'enfant pleure quand tu viens le chercher

Tu récupères ton bébé après une journée chez la nounou, à la crèche ou autre mode de garde et il se met à pleurer alors que tout allait bien jusqu'alors. Avant d'en conclure que ton enfant te déteste et que tu es un mauvais parent, ou qu'il s'est passé quelque chose de grave chez la nounou, sache que cela est tout à fait classique. Même si la nounou est aimante, ton enfant s'est adapté pour correspondre à ses codes à elle. Lorsqu'il te retrouve toi, sa figure d'attachement principale qui l'aime comme il est, il relâche la tension en pleurant. Bien sûr, ses pleurs peuvent être motivés par autre chose. Mais la plupart du temps, c'est pour ça. En être conscient peut t'éviter une culpabilité inutile.

### L'acquisition du langage et des phrases

Un jour, il y a de fortes chances que ton enfant te dise qu'il ne t'aime pas. Sous réserve que cette phrase ne lui ait jamais été adressée avant, c'est une situation très rassurante du point de vue de l'attachement. Précisons une chose : l'enfant ne comprend pas l'impact émotionnel que ces mots peuvent avoir sur toi. La bonne nouvelle, c'est qu'il se sent suffisamment en sécurité pour les dire sans que cela vienne entacher votre lien. Ma réponse préférée dans cette situation, malgré mon petit cœur blessé, c'est toujours : « Eh bien moi je t'aime, même quand tu ne m'aimes pas. »

### *Les pièges à éviter*

Ce que l'on vise, c'est l'attachement sécure. Facile à écrire mais bien plus compliqué à faire. Peut-être que ce n'est pas ce que tu as connu et peut-être même que cela ébranle des fondations que tu pensais solides. Si tu sens que c'est douloureux, que tu ne te contrôles pas et/ou que c'est récurrent, je te conseille de consulter des professionnels. À un moment, tu pourrais t'apercevoir que tu n'as pas un comportement sécurisant. Il y a de grandes chances que cela t'arrive, mais pas la peine de te flageller pour autant ! Le lien se répare très vite, tant que ça reste épisodique.

John Bradshaw a développé l'idée suivante pour résumer le moyen d'accompagner un enfant vers un attachement sécure : il doit se sentir en sécurité (physique, émotionnelle et affective) et se sentir important. Il ne doit pas être plus important que les autres, juste important, comme les autres et pour ce qu'il est. Si nous mettons de côté les tout premiers mois de bébé qui demandent d'énormes ressources en énergie, il faut savoir que tes besoins sont aussi importants que les siens. D'ailleurs, si tu veux avoir l'énergie et la disponibilité (physique comme émotionnelle) suffisantes pour lui, il est essentiel de prendre soin de toi et de tes besoins. C'est tout l'intérêt du soutien, justement.

### *Tout est lié*

Même si notre environnement social et culturel peut nous dire le contraire, à quelques exceptions près, nous sommes tous et toutes des êtres sociaux prévus pour être liés. Comprendre l'attachement sécure, c'est comprendre que notre espèce prévoit que nous prenions soin les uns des autres et de nous-mêmes. Certains peuples ne l'ont pas oublié, eux. Alors bien sûr, nos sociétés occidentales sont bien loin de ces cultures et organisations sociales. Tout notre défi repose là-dessus : comment faire évoluer la société pour ramener le lien au cœur de nos vies ?

# La charge mentale

Ton rôle de père ne s'exprime pas seulement auprès de l'enfant. Les responsabilités qui vont avec concernent aussi la charge du foyer. La phrase que tu viens de lire mettra sûrement presque tout le monde d'accord. Pourtant, tout le monde ne lui accordera pas le même sens.

## *Dans le foyer : qui fait quoi ?*

Pour un homme, la « charge du foyer » reviendrait à assurer la sécurité matérielle de sa famille en partant travailler à l'extérieur pour rapporter de l'argent. Certains te diront que c'est « naturel » car les hommes partaient déjà à la chasse à la préhistoire pour ramener du gibier dans la grotte… Mais nous savons que c'est une vision totalement erronée, fruit d'une approche historique phallocentrée. Pourtant, ce stéréotype de genre perdure encore.

Pour une femme, la « charge du foyer » reviendrait à s'assurer du bon entretien domestique, à prendre soin de chaque personne qui s'y trouve, voire à anticiper leurs besoins, mais aussi à gagner de l'argent en allant travailler à l'extérieur du foyer. C'est peut-être une des plus grandes arnaques patriarcales que d'avoir vu les femmes investir le travail hors foyer (tout en étant moins bien payées que les hommes à compétences égales) et en conservant 72 % des tâches domestiques. Il y a quand même de quoi péter un câble tant ces situations induisent une charge mentale élevée.

## *Mais au fait, c'est quoi la charge mentale ?*

La sociologue Monique Haicault développe le principe de la charge mentale en 1984. Il est ensuite travaillé et observé par différentes études qui font toujours un constat de profonde inégalité dans les couples hétérosexuels. La chercheuse québécoise Nicole Brais le définit comme « le travail constant et incontournable de gestion, d'organisation et de planification de la bonne marche de la maison et qui a pour objectif la satisfaction des besoins de chacun ». Malheureusement, dans beaucoup de cas on pourrait ajouter à cette phrase : « sauf des siens ». Il s'agit d'un véritable travail de management et de gestion qui n'est pas reconnu par la société, voire par le conjoint. Pourtant il met en œuvre des compétences précises et reconnues en entreprise :

- Capacités mentales de gestion, de prévision, de mémorisation, de coordination et de réponse aux imprévus.
- Maîtrise des temporalités multiples propres aux activités de chacun et leur agencement au sein de l'espace commun en tenant compte des différentes mobilités.
- Capacités d'empathie et de disponibilité affective pour maintenir en bon état physique et moral les membres de la famille sur le court et le moyen terme.

Cela ferait joli sur un C.V., non ? Mais ce n'est ni reconnu ni valorisé. Si vous avez envie de jouer chez vous, vous pouvez calculer ce que serait votre facture de travail domestique sur le site de l'association Parents & Féministes (www.parentsetfeministes.com, rubrique « Messieurs, voici la facture »).

Accroche-toi à tes préjugés, nous allons voir quelques chiffres. D'après l'Institut national de la statistique et des études économiques (Insee), s'il était valorisé, le travail domestique représenterait 636 milliards d'euros. Cela pèserait 33 % du PIB de notre pays. Et tu le sais déjà : ce travail est réalisé à 64 % par les femmes. En écoutant le podcast *Les Couilles sur la table*, tu pourras apprendre de la sociologue Céline Bessière qu'en moyenne « les femmes travaillent 54 heures par semaine, les hommes 51 heures par semaine. Mais deux tiers du travail des femmes n'est pas rémunéré. Il correspond à ce fameux travail domestique. Pour les hommes, il représente un tiers du travail non rémunéré »[1].

Donc oui, cela fait beaucoup et depuis longtemps. Tu pourras remarquer qu'il est d'ailleurs contradictoire dans notre société que nous puissions payer, parfois très cher, pour que des personnes s'occupent de nos enfants alors que si nous le faisons nous-même, ce n'est pas valorisé ! La productivité en entreprise passerait donc avant le bien-être des parents et des enfants.

## *Les « nouveaux pères »*

Oui : les « nouveaux pères » s'investissent davantage dans leur relation avec leur enfant. Ou plutôt dans les aspects agréables des activités. Sans en penser la planification ou la logistique.

Pour savoir faire la différence, prenons quelques exemples. Lorsque tu voudras :

### Amener ton enfant visiter un parc

Tu peux préparer toi-même le sac en pensant aux changes, au goûter et à la gourde.

### Porter ton enfant en écharpe

Utilise un nœud que tu sais faire ou un moyen de portage que tu maîtrises.

1. *Les Couilles sur la table*, épisode 59 « Le patrimoine, enjeu capital » (2020).

### Dire fièrement que tu vas chercher ton enfant à la crèche

Prends le temps de préparer ses affaires, la veille ou le matin. Tu peux aussi te charger de la recherche, de l'inscription et de la facturation de ce mode de garde.

Bien sûr, ne généralisons pas. Il s'agit là d'observer un phénomène sur l'ensemble de la population. De plus, les situations que je viens d'évoquer dépendent de la dynamique de votre foyer. Ce n'est pas parce que vous optez pour une répartition qui correspond aux stéréotypes que c'est forcément mal et que vous devez être brûlés sur le bûcher.

## Votre solution (et non LA solution)

Il est important d'échanger dans le couple, avant l'arrivée de l'enfant, sur la répartition des charges dans votre foyer en prenant tout en compte : la charge domestique et les charges professionnelles de chacun. En communiquant sur ce sujet, vous pourrez sûrement découvrir des situations que vous ne soupçonniez pas. Cela peut passer par plein de questionnements : qui écoute (avec attention) les problèmes de l'autre ? Comment ça se passe au boulot de chacun ? Qui s'occupe des tâches ménagères et comment ? Si vous n'avez pas les mêmes niveaux d'exigence, quels compromis peuvent être trouvés ?

Cela te demandera certainement des efforts et un temps d'adaptation selon les situations.

Bien entendu, il est aussi possible qu'un déséquilibre se mette en place de temps en temps. Par exemple, ta compagne pourrait avoir un projet professionnel important à mener. Le temps qu'elle arrive à ses objectifs, tu pourras prendre plus de choses en charge. Rien n'est figé et cela me paraît illusoire d'essayer de le faire… sachant qu'un bébé va venir tout chambouler. Oui, vous allez perdre vos repères. Oui, il y a aura des périodes de transition. Oui, le soutien sera essentiel pour réussir à trouver le bon équilibre. Tu pourrais te demander combien de temps ces phases de transition vont durer. *A priori*, tant que vous aurez les enfants en charge ! C'est aussi cela être parent : s'adapter en permanence.

Idée reçue

## « Ah, c'est bien que tu l'aides ! »

Soyons clair sur une chose : tu n'« aides » pas ta compagne. Tu fais juste ta part du boulot.

Tu entendras des gens te dire et lui dire qu'elle « a de la chance ». Ce n'est pas le cas. Vous êtes juste tous les deux des adultes responsables et conscients des besoins de la personne que vous aimez tout en respectant les vôtres. Tu découvriras assez vite qu'être un père reconnu socialement comme « impliqué » est une aubaine alors que les mères, elles, vivent une tout autre histoire. Il est important de s'en rendre compte pour que tu puisses prendre ta place de père aussi dans la sphère sociale.

# *Dad blessing vs mom shaming*

Pour comprendre le poids de ta présence et de ton soutien, laisse-moi te présenter un terme que tu dois absolument connaître : le *mom shaming*. Il peut se traduire par la culpabilisation des mères. Définition à laquelle j'ai envie d'ajouter : partout, tout le temps. Parce que si tu ouvres bien les yeux et les oreilles, tu vas assister à des scènes qui remettent en cause en permanence les choix des mères. Cela commence d'ailleurs dès la grossesse : sur la prise de poids, sur celle qui boit une mini-coupe de champagne ou qui ne la boit pas, celle qui ne fait pas tel examen médical ou celle qui les fait tous, celle qui a comme projet un accouchement à domicile ou celle qui veut une péridurale, voire une césarienne programmée… Ces jugements vont ensuite se poursuivre tout au long du parcours de mère et sur tous les sujets possibles avec toujours des remarques remplies de jugement comme : « Attends, tu n'as pas fait la première tétée ?! », « Ah, ok, donc tu le mets dans la poussette alors qu'il a besoin d'être près de sa mère ? », « Tu arrêtes déjà d'allaiter ?! », « Tu l'allaites encore ?! », « Ce n'est pas un peu égoïste te laisser ton bébé toute la journée ? »… Bref, tu l'auras compris, quoi que fassent les mères, elles sont perdantes aux yeux de la société, et bien souvent – malheureusement – aux yeux des autres mères.

Et puis quoi encore ?

## « C'est toujours la faute des femmes »

Le mom shaming n'est pas le seul anglicisme qui dénonce la stigmatisation quotidienne vécue par les femmes. Tu connaissais peut-être le body shaming ou le slut shaming. Le premier terme consiste à se moquer et/ou à juger les personnes (enfin les femmes, surtout) qui auraient un corps sortant d'une certaine norme. Le second va juger une femme sur ses comportements sexuels pouvant être considérés comme « déviants ». Sur ce point je t'invite à te poser la question de savoir comment tu appelles un mec qui saute sur tout ce qui bouge. Et comment tu appelles une femme qui bouge sur tout ce qui saute. Les femmes sont jugées en permanence que ce soit donc sur leur apparence ou sur leurs actes qui ne concernent pourtant qu'elles. Jugement que l'on épargne bien évidemment aux hommes.

Nom de Zeus ! Voilà ! Problème résolu ! Pardonne-moi cette touche d'ironie mais j'ai entendu tellement de mecs dire ces mots, à commencer par moi… C'est parce qu'il s'agit d'une pression sociale que nous ne connaissons pas. Sur tout ce qui touche à l'accompagnement de l'enfant, ce sont les mères qui sont jugées. Tout le monde a son mot à dire sur ce qui est bien ou pas, sur la façon dont il faut élever, habiller, nourrir et porter les enfants.

En bout de chaîne de ces jugements se trouve la jeune maman, qui se retrouve frappée en plein cœur sur ses compétences et sa capacité à veiller au bien-être de ses enfants. Comprends bien aussi que la répétition permanente de ces (micro ou pas) agressions crée une usure à un moment où l'état physique et mental est extrêmement fragilisé. Ces remarques volent aux mères leur expérience, leur expertise de leur enfant, leur intuition et leur confiance en elles. Toutes ces attaques immiscent le doute dès la naissance, au moment où elles sont sûrement les plus vulnérables.

Ce doute, nous en avons déjà parlé et nous savons qu'il peut amener des situations bien néfastes et augmente certainement les risques de dépression du post-partum et de phobie d'impulsion. Pourtant, notamment à l'arrivée du premier enfant, vous allez vivre de nombreuses premières fois. Vous chercherez du soutien, souvent auprès de votre entourage. L'astuce est de communiquer directement avec ces personnes pour leur indiquer que les conseils sont les bienvenus s'ils sont sollicités. Bien sûr, ne pas hésiter à le faire. Dans cette période sensible, on perçoit souvent les conseils comme intrusifs en oubliant qu'ils sont la plupart du temps le fruit de l'amour et d'une envie de soutenir son propre enfant devenu parent à son tour.

Tu verras qu'un simple « Ah, tu le changes comme ça, toi ? » peut apparaître comme la pire offense du monde !

### *Le mom shaming*

Dans notre Histoire (ô combien patriarcale, comme tu le sais) deux temps forts instaurent la pratique du *mom shaming*. Le premier, après la Seconde Guerre mondiale. Pour différentes raisons, notamment de santé publique, l'État s'invite dans les foyers *via* des livres et des guides pour expliquer quelles sont les bonnes et les mauvaises pratiques parentales. Il est le premier instigateur généralisé d'une approche binaire de la parentalité : ça, c'est mal, ça, c'est bien. Ces conseils sont adressés aux mères, ce qui vient renforcer la vision de la mère comme donneuse de soins responsable de la bonne éducation et de la bonne représentation sociale des enfants. Ces derniers sont d'ailleurs perçus comme le reflet de sa compétence en la matière.

L'autre temps fort est l'explosion récente des réseaux sociaux, qui contribue à une amplification importante du *mom shaming*. Des gens qui ne connaissent ni les spécificités de l'enfant ni celles de la mère (et souvent cachés derrière des pseudos) viennent y déposer leurs jugements. Quoi qu'elles fassent, les mères sont jugées : un nœud d'écharpe imparfait, un porte-bébé pas physiologique, une maison pas impeccablement rangée, un poids de grossesse encore présent… Ou encore, à l'opposé : « La photo est trop parfaite. » Si tu fais un tour dans l'espace commentaires des photos publiées, c'est assez éloquent.

Pas de jaloux

## Même les célébrités y ont droit !

Bien sûr, cela touche aussi les personnes connues ! Petit exemple avec le mannequin américain Chrissy Teigen, qui poste en 2019 une photo d'elle et de sa fille sur Instagram. Elle a fait grand bruit car elle y porte un décolleté conséquent et des internautes ont pu commenter : « Oh mon Dieu, rhabille-toi, ta fille est juste devant toi ! » ou « Cela t'arrive de porter des sous-vêtements ? » Fort heureusement Chrissy Teigen, étant habituée aux critiques, a su répondre avec plein de bon sens : « Je lui ai donné le sein pendant des mois, cela n'a pas eu l'air de la déranger. » Tout simplement.

## *Le dad blessing*

Tu penses peut-être, à juste titre, que les pères font les frais des mêmes critiques ? Eh bien… non. C'est même exactement le contraire. C'est un phénomène connu mais encore tabou. Je l'ai nommé le « *dad blessing* » ou la sacralisation des pères. Que ce soit sur les réseaux sociaux ou dans la vraie vie, la société récompense et sacralise les pères qui endossent simplement leur rôle de père. Nous récoltons des médailles alors que nos conjointes n'en gagnent pas pour les mêmes « exploits ». Cela dit, elles n'en réclament pas non plus. Comme le dit Claire Tran, cofondatrice de l'association Parents & Féministes : « Les JO de la parentalité sont réservés aux hommes. »

Tu connais les chiffres, le contexte historique et tu comprends maintenant que cela fait si longtemps que nous, les pères, ne faisons rien dans le foyer que la moindre tâche effectuée nous rapporte une reconnaissance éternelle. Cela peut même venir des mères elles-mêmes tant les standards sont bas. Encore aujourd'hui, tu entendras des remarques extrêmement positives sur tes choix de père « impliqué ». Peut-être même éprouveras-tu le besoin de le dire : « Hé, regarde ! Je suis en train de m'occuper de bébé ! »

## *C'est juste ton rôle*

Sur les réseaux, tu verras des papas qui se mettront en avant en train de juste faire leur boulot de père et qui seront acclamés pour ça. Quand ils changent la couche, vont chercher l'enfant à la crèche, réussissent un nœud d'écharpe de portage... Dans ces cas-là, demande-toi si tu as déjà vu des mères mettre en avant ces mêmes actions de cette manière. Je peux déjà te dire que ce n'est pas le cas. Tout simplement car il faut le faire, c'est tout. Ce n'est pas un acte à célébrer tant il est normal. Il fait partie d'un ensemble de tâches à réaliser quand on est parent.

Cette attitude congratulatoire révèle que l'ego masculin, tellement habitué à prendre toute la place et récolter toute la considération, invisibilise le message porté depuis longtemps par les mères et les associations féministes. L'écharpe de portage, c'est certainement un choix sympa et pratique en parentalité, mais comme dirait Amandine Hancewicz, présidente de l'association Parents & Féministes : « On ne défonce pas le patriarcat à coups d'écharpe de portage. »

## *Vos réalités sont incomparables*

Cette différence de traitement entre les mères et les pères, cette opposition entre *mom shaming* et *dad blessing*, est essentielle à prendre en compte dans votre nouvelle situation de parent. Vous allez évoluer dans des réalités complètement différentes. Pour les mêmes actions, tu seras acclamé, reconnu et récompensé alors que la mère sera jugée, culpabilisée et attaquée. Dis-toi que quand Tata Suzanne te dit « Que c'est beau de te voir proche de ton bébé ! », elle aura peut-être dit à la mère : « Arrête de le porter autant ! Il faut couper le cordon ! »

Votre communication sera une clé essentielle pour chercher à vous comprendre l'un l'autre autant que possible. Pire, alors que la mère est en souffrance, elle pourrait entendre des phrases comme « Oh toi ça va, avec ton mec qui fait plein de trucs, tu ne vas pas te plaindre ! » C'est comme cela que l'on peut passer à côté de moments importants dans la vie de l'autre, que l'on aime pourtant profondément. Aveuglés et autocentrés, de nombreux pères ne perçoivent pas la détresse des mères qui partagent leur vie. Votre capacité à échanger, à vous comprendre et à faire preuve d'empathie peut largement faire la différence.

# Place à la pratique !

Concrètement, qu'est-ce que tu peux faire ? Encore une fois, chaque famille a sa propre dynamique, mais pour te donner un exemple, partons de mon expérience personnelle. Pour m'impliquer efficacement, ma compagne et moi avons décidé que je me chargerais de deux points clés : le carnet de santé ainsi que son suivi, et le choix de l'assistante maternelle et du mode de garde.

## Pourquoi c'est une stratégie efficace ?

La prise en charge du carnet de santé te pousse déjà à prendre connaissance de son contenu. Ensuite, à toi de gérer la prise des rendez-vous médicaux, en sachant pourquoi ils sont pris, et d'y être présent si possible. Tu vas y gagner de la connaissance, de l'assurance sur des sujets dont les pères s'éloignent très vite, et aussi d'être reconnu comme référence pour ton propre enfant. Tu verras très rapidement que si vous venez tous les deux aux rendez-vous médicaux, les professionnels de santé vont bien souvent s'adresser directement à la mère. C'est aussi une occasion de se positionner comme donneur de soin compétent.

Bien sûr, cela va t'amener plein de nouvelles réflexions, voire d'inquiétudes que tu ne pensais peut-être pas avoir. Personnellement, je ne m'attendais pas à chercher « Couleur et texture de caca de bébé allaité » en pleine nuit pour être sûr que la couche que je venais de changer ne contenait rien de suspect. Je sais, ça vend du rêve. Sur le choix du mode de garde, déjà il a fallu trouver lequel allait nous correspondre. Ce qui engendre tout un tas de rendez-vous avec des structures et des professionnelles de la petite enfance. Une multitude de questions y est posée et il faut savoir y répondre. C'est en cela que la stratégie est pertinente car elle t'oblige à connaître pratiquement toutes les problématiques de ton enfant dans son quotidien et ses habitudes. Elle te pousse aussi à devoir théoriser ces situations pour pouvoir les expliquer et vous projeter avec la personne à qui vous déléguerez le soin de votre enfant.

# Après la reprise du travail

Dans la sphère sociale, il y a un autre endroit où ta place de père est importante : le travail, celui que tu fais à l'extérieur du domicile, rémunéré et reconnu socialement. Parce que bon, tu peux te dire que je suis bien gentil, mais que ce n'est pas si simple de mettre tout cela en place. Tu as raison, d'ailleurs les femmes le savent bien puisqu'elles sont 31 % à déclarer avoir réduit leur temps de travail pour s'occuper des enfants. Pour les pères, c'est 4 % selon une étude de l'Insee de 2020. Pour comprendre cette donnée, il faut prendre en compte un ensemble de paramètres. Dans une société où les hommes restent mieux payés que les femmes, lorsqu'il faut sacrifier une partie d'un salaire, c'est souvent la femme qui trinque. Je te l'ai déjà montré : les chiffres sont clairs et indiquent que la maternité vient largement réduire la progression de carrière des femmes alors que la paternité booste celle des hommes (signe de personne responsable). Ce qui ne résout en rien le problème social et entretient les pères dans un environnement qui les éloigne de leur rôle de donneur de soins.

## *Se rendre disponible*

Avoir un enfant, ça change la vie ! Toute la vie… donc le professionnel aussi. Cela veut dire qu'il faut revoir ton planning pour dégager du temps pour ta famille. D'ailleurs, c'est certainement ce que tu as de plus précieux à lui donner.

Changer d'organisation peut être un vrai casse-tête… mais tout le monde va y gagner. Vous pouvez déjà réfléchir à certaines situations avant qu'elles se présentent, sans que vos réponses soient pour autant rigides. Tant que ce sont les vôtres et qu'elles vous conviennent, ce sont les bonnes ! Il n'y a aucune solution toute faite, mais je vais te proposer quelques pistes de réflexion.

### Comment allez-vous organiser vos semaines/mois ?

Mettre en place un calendrier partagé en ligne est une piste intéressante pour que vous ayez accès aux activités de tout le foyer, sans distinction.

### Comment vas-tu organiser tes priorités ?

Dans la mesure du possible, tu peux déterminer les temps qui te paraissent essentiels dans la relation que tu veux avec ta famille et organiser ton planning en fonction d'eux ou demander des adaptions d'horaires. Généralement, les pères placent en premier leur travail dans leur agenda. L'idée est d'essayer de faire le contraire. « Mercredi, y a danse, et je veux la voir faire. Comment je peux ajuster mon planning ? » Évidemment, la plupart des salariés n'ont pas le choix de leurs horaires. Mais pour les cadres autonomes ou dirigeants, c'est facile à mettre en œuvre.

### Quel sera le premier numéro à appeler ?

Sache une chose : même si tu mets le tien, on appellera sûrement la mère de toute façon. Idée peu connue : prendre une ligne dédiée (sans se ruiner, il y en a qui coûtent 2 €) que vous utilisez avec un autre téléphone, ou avec une application spéciale (comme Numbber, qui te propose un second numéro virtuel). Ainsi, vous pouvez décider qui est joignable sur ce numéro et quand. Vous pouvez aussi vous créer une adresse mail commune !

### Comment on fait lorsqu'il y a un impératif ?

L'astuce précédente est aussi valable ici ! Mais en toute logique : c'est celui ou celle qui est le ou la plus proche qui s'y colle ! Sauf impératif défini à l'avance.

## *La réaction des collègues*

Sur ton lieu de travail, tu rencontreras là aussi différentes réactions. Tu l'as peut-être déjà vécu quand tu as pris ton congé. Si tu t'absentes, que tu pars plus tôt ou que tu arrives un peu plus tard que prévu… Tu pourras recevoir des médailles pour ton implication ou bien t'entendre dire par ton collègue Roger que « Ce sont bien des trucs de gonzesse » et qu'« Un vrai mec, ce n'est pas là pour changer les couches ». Si Roger est vraiment motivé, il te dira même : « De toute façon, c'est la nature, hein ! Les hommes et les femmes ont des rôles bien distincts et ils ne sont pas foutus pareil dans leur tête. »

Tu as déjà plein d'éléments pour lui répondre, mais rajoutons les travaux de la neurobiologiste Catherine Vidal. Cette dernière balaie tous les précédents écrits qui prétendaient que le cerveau des hommes est différent de celui des femmes. C'est tout simplement faux. Le cerveau des hommes et celui des femmes ne sont pas différents. En revanche, le social influe sur les hormones et sur la construction neuronale. Mais après tout, l'avis de Roger, on s'en fout un peu quand même.

# Couple et sexualité

Une dernière thématique à ne pas négliger, aussi importante qu'intime : c'est celle de votre sexualité. Même si le couple ne se résume pas à l'intimité et à la sexualité, c'est un sujet important à ne pas négliger. Surtout qu'il peut potentiellement devenir une source de pression supplémentaire tant pour la mère que pour le père. Allons-y franchement pour ne pas perdre de temps avec les croyances patriarcales hétérosexuelles : tu es responsable de ton propre plaisir. Ça veut dire que si tu as besoin de te libérer d'un désir et d'une tension sexuelle, c'est tout à fait compréhensible. En revanche, attendre de ta partenaire, *a priori* la mère, qu'elle prenne en charge la libération de cette tension n'est pas forcément légitime.

J'ai bien conscience que c'est un sujet sensible, voire tabou dans bien des couples. Mais la question du retour à une vie sexuelle va vite se poser. Encore une fois, il n'y a pas de norme. Rappelez-vous que vous venez de traverser un moment extrêmement intense et que le corps de la mère est encore en chantier. Son rapport à son corps peut avoir radicalement changé, d'ailleurs. Lui laisser le temps de se le réapproprier est important. S'assurer de ne pas mettre de pression aussi. Partant de là, vous ferez bien ce dont vous aurez envie lorsque vous en aurez envie. En tout cas, la pénétration, ce n'est pas pour tout de suite dans la grande majorité des cas. C'est peut-être l'occasion de réfléchir ensemble à votre rapport à l'intimité et d'explorer de potentielles nouvelles pistes de plaisir, seul ou ensemble. Pour accompagner les nouveaux parents, la sexologue Camille Bataillon a écrit un livre intitulé *Réinventer sa vie intime après bébé*. Tu peux aussi la retrouver dans deux épisodes du podcast *Papatriarcat*[1].

---

1. Épisode 20, « Parentalité et sexualité » (2021) et épisode 35, « Questions/Réponses avec Camille Bataillon, Sexologue - Libido, post-partum, masturbation, cododo » (2021).

# *Paroles de mecs*

Nombreux sont les enjeux de la place du père auprès de l'enfant, avec la mère, dans le foyer et dans la société. Évoluer sur ces questions va sûrement vous demander beaucoup d'efforts : de la pratique pour toi, de la patience pour la mère, de l'empathie pour vous deux. Encore une fois, c'est votre force en tant qu'équipe qui évolue ensemble vers un objectif commun qui facilitera votre quotidien. Cela peut amener plus de parité dans votre vie commune, pour vous, pour les gens qui vous côtoient et aussi pour vos enfants. Car c'est un aspect à ne surtout pas négliger : l'importance de l'exemple que vous allez donner à votre enfant. C'est sûrement ce qui va avoir le plus d'impact sur sa perception des rôles genrés pour sa vie future.

Se poser autant de questions et chercher à évoluer n'est pas souvent une étape facile pour le père qui entreprend ce chemin. Les difficultés que tu pourrais éprouver sont communes aux autres pères et tu peux aussi chercher des groupes de parole de pères pour échanger sur le sujet. Le podcasteur Fabrice Florent, créateur du podcast *Histoires de darons*, que je te conseille d'écouter, propose justement ce genre de rassemblement sur Discord ou sur Twitch ! En attendant, je t'invite à écouter cette discussion avec Samuel (@samueletgaspard), père engagé pour l'enfance et la justice sociale.

# Accompagner l'enfant

Maintenant que tu as tous les arguments pour prendre ta place, concentrons-nous sur l'enfant. Cet enfant sera le fruit de l'ensemble de son environnement, des repères qu'il développera dans le refuge sécure fourni par ses figures d'attachement principales, grâce auxquelles il pourra comprendre le vaste monde. Tu verras qu'il est parfois très étonnant (voire déroutant !) d'observer ce qui peut émerger de l'enfant, tant cela peut être éloigné de nos conceptions.

Pour accueillir ces réactions, il faut prendre un peu de recul. Dans ce chapitre, je te propose d'aborder de manière théorique des sujets importants, comme ceux des violences éducatives ou de l'éducation non genrée. Prenons le temps de les définir pour bien comprendre leurs effets et mieux les appréhender. Ensuite, place à la pratique ! Je te donnerai des clés pour instaurer confiance inconditionnelle et respect mutuel.

# Posons les bases

Pour expliquer l'évolution des enfants dès leurs premiers moments avec synthèse et justesse, je m'appuie sur les écrits d'André Stern[1], qui nous accompagneront tout du long de ce chapitre. Pour commencer, je t'invite à bien retenir la phrase suivante :

La première partie de cette phrase renvoie aux messages que nous passons à nos enfants, en tant que figure d'attachement principale, sur ce qu'ils sont. Ces messages viendront renforcer certains de leurs traits car ils sont programmés pour essayer de répondre à nos attentes.

La deuxième partie de cette phrase renvoie à l'importance d'un mécanisme d'apprentissage efficace de notre espèce : l'imitation. Cette dernière exige sens et cohérence dans notre posture et dans notre attitude, bien plus que dans nos mots.

Par exemple, l'enfant aura du mal à faire attention à lui s'il voit son parent s'épuiser à la tâche, y compris par amour. De même, lui dire en criant qu'il ne faut pas hurler, n'a aucun sens.

---

1. André Stern se revendique être un enfant de 50 ans. Il est l'initiateur du mouvement « Écologie de l'enfance », directeur de l'Institut Arno Stern, auteur et musicien. Ses écrits sont basés sur des travaux scientifiques comme ceux du professeur Gérald Hüther, chercheur en neurobiologie avancée.

2. Dans son livre *Tous enthousiastes !*

# Les violences éducatives ordinaires (VEO)

Reprenons l'image de la figure paternelle qui doit être figure d'autorité. Combien de fois pouvons-nous encore entendre « Tu vas voir ce que va dire ton père ! » ? Ainsi nous est donnée la posture de celui qui inspire la crainte dans l'esprit et dans le cœur de nos enfants.

Mais au fait, c'est quoi l'autorité ? Le Larousse la définit comme le « pouvoir de décider ou de commander, d'imposer ses volontés à autrui ». En parentalité, cela impliquerait donc que nos enfants nous obéissent sans se poser de question. Dans ce but, nos sociétés n'ont pas manqué d'imagination pour plier l'enfant à la volonté de l'adulte… et ce depuis des milliers d'années. C'est ainsi que s'est développé un ensemble de pratiques violentes aujourd'hui nommées les « violences éducatives ordinaires » (VEO).

## *VEO : quésaco ?*

Selon l'association StopVEO qui travaille avec l'État sur le sujet : « La violence éducative ordinaire est la violence (physique, psychologique ou verbale) utilisée envers les enfants à titre éducatif (corrections, punitions) communément admise et tolérée ("ordinaire"). Plus simplement : claque, fessée, tape mais aussi humiliation, chantage affectif et autres[1]. »

Pas évident de savoir ce qui en fait partie ou non, finalement. Je t'avertis tout de suite : sur Internet, tu trouveras des listes de VEO qui n'ont aucune valeur. Elles peuvent même représenter un potentiel danger car elles signalent comme violents des actes relevant de la responsabilité parentale, notamment envers la santé de l'enfant. Il n'existe aucune « liste officielle des VEO ». Généralement, tout le monde est d'accord pour dire qu'une gifle ou une fessée en font partie. En revanche, l'usage de la menace est beaucoup plus débattu.

1. www.stopveo.org.

## *L'Histoire des VEO*

Tu t'en doutes, les VEO sont inscrites dans l'Histoire depuis des milliers d'années. Pour ce qui nous intéresse, concentrons-nous sur les premiers grands changements portés par la Convention internationale des droits de l'enfant (CIDE), adoptée à l'ONU le 20 novembre 1989. La France va la ratifier le 7 août 1990 avec une entrée en vigueur le 7 septembre suivant. Le 20 novembre est devenu la Journée internationale des droits de l'enfant.

Dans son article 19, la CIDE prévoit que les États membres prennent « toutes les mesures législatives, administratives, sociales et éducatives appropriées pour protéger l'enfant contre toute forme de violence, d'atteinte ou de brutalités physiques ou mentales, d'abandon ou de négligence, de mauvais traitements ou d'exploitation, y compris la violence sexuelle, pendant qu'il est sous la garde de ses parents, de l'un d'eux, de son ou ses représentants légaux ou de toute autre personne à qui il est confié ».

Et là, tu te dis que c'est génial et que la France a tout de suite mis en place ces dispositions ! Perdu… Il faut attendre le 10 juillet 2019 et la loi n° 2019-721 relative à l'interdiction des violences éducatives ordinaires, qui modifie le Code civil et intègre que « l'autorité parentale s'exerce sans violences physiques ou psychologiques » et intègre que les organismes sociaux (la PMI, entre autres) doivent travailler « à la prévention des violences éducatives ordinaires ».

C'est une belle avancée législative, très récente et qui doit encore évoluer. Sur le court terme, il faudrait que la loi s'étende au-delà de l'autorité parentale pour correspondre à la CIDE et aller jusqu'à « toute personne à qui il est confié ».

Soyons clair sur un point il ne s'agit pas de « retirer un droit » aux parents mais bien de « donner le droit » aux enfants d'avoir une éducation non violente.

Question complexe ! Commençons par essayer de qualifier la maltraitance. Selon le *Childhood Trauma Questionnaire* créé en 1997 par les docteurs Bernstein et Fink, nous pouvons classer les maltraitances infantiles dans cinq catégories :

- La négligence émotionnelle : indifférence, manque de contacts rassurants, d'encouragements et de gestes affectueux...
- Les agressions[1] sexuelles, que ce soit avec ou sans contraintes et/ou violence.
- Les agressions physiques, comme les coups impliquant des blessures ou des risques de blessure.
- Les agressions verbales (dites émotionnelles) : insultes, dévalorisation, humiliations...
- La négligence physique : manquement aux besoins fondamentaux de l'enfant.

Avec ces éléments, on peut dire que les VEO sont des maltraitances. Par exemple, tout ce qui insécurise l'enfant peut entrer dans la négligence émotionnelle. On pourrait donc presque affirmer que les VEO n'existent pas et que seule la maltraitance existe. Mais n'oublions pas que le contexte socioculturel donne un sens particulier à chaque mot. Dans l'imaginaire collectif, le mot *maltraitance* renvoie aux gestes forts et socialement rejetés. Le concept de VEO vise à identifier un ensemble de comportements violents mais socialement acceptés.

Olivier Maurel, fondateur de l'Observatoire de la violence éducative ordinaire (OVEO), en propose une image très parlante. Il représente l'ensemble des violences subies par les enfants sous la forme d'un iceberg : les maltraitances en seraient la pointe visible et les VEO, l'immense bloc immergé.

---

1. J'ai volontairement utilisé le mot « agressions » pour remplacer « abus » du texte original, que je refuse d'utiliser. La notion d'abus implique qu'il en existe un niveau acceptable. Ici, ce n'est pas ma conviction : on abuse du chocolat quand on en mange trop. On abuse d'un enfant dès le premier contact inapproprié. Il n'y a pas de seuil.

## *Le continuum des violences*

J'aimerais ici faire le parallèle entre la culture du viol et la « culture de la violence ». Pour illustrer le premier cas, l'association Nous Toutes a imaginé une pyramide des violences sexistes et sexuelles contenant, de la base au sommet : l'agissement sexiste, l'outrage sexiste, l'injure publique sexiste, le harcèlement sexuel, les atteintes volontaires, l'agression sexuelle et, enfin, le viol. Ce à quoi nous pourrions ajouter un dernier niveau, le féminicide. La culture du viol est un concept sociologique utilisé pour qualifier un ensemble de comportements et d'attitudes partagés dans une société qui minimise, normalise, voire encourage le viol. Un agissement sexiste n'a rien à voir avec un viol, mais les deux actes sont reliés par le *continuum des violences*. Chaque acte de violence autorise le passage au niveau supérieur, et ainsi de suite.

Pour mieux appréhender ce sujet, je te recommande la vidéo de l'association Care réalisée dans le cadre de sa campagne #DearDaddy. Tu la trouveras facilement en tapant ce hashtag sur YouTube (accroche-toi, ça secoue).

Cela montre bien qu'il est possible (et nécessaire) de lutter à tous les étages. Tu dois commencer à voir où je veux en venir ? Un ensemble de violences, encore non catégorisées pour les enfants, crée un continuum de violences. Il est difficile de déterminer où cela commence, mais nous trouverions au sommet : les agressions physiques, l'inceste et l'infanticide. Parler et sensibiliser sur les VEO ne minimise pas les maltraitances « plus sévères », mais vise à en faire la prévention. Il s'agit d'empêcher l'enchaînement des violences, et de ne plus seulement s'inquiéter une fois arrivé au sommet.

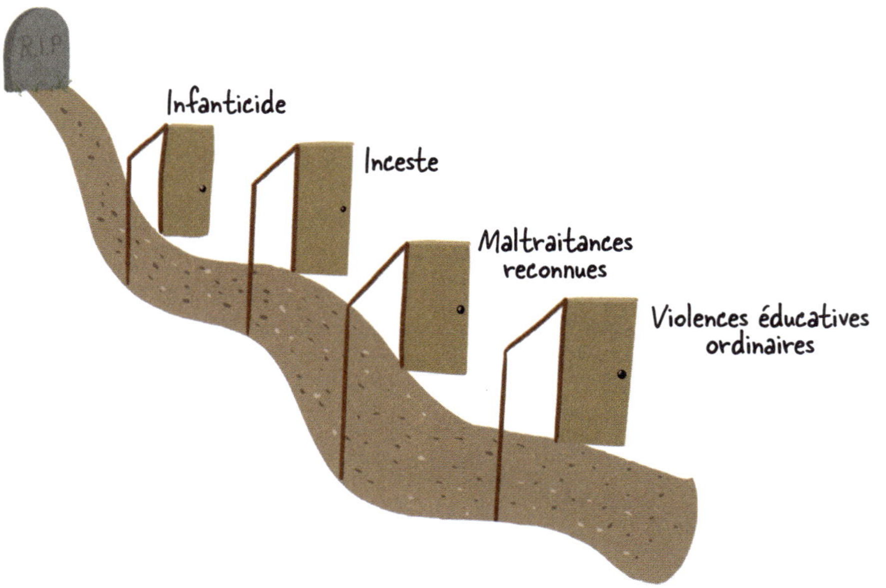

Tu le savais, toi ?

## Quelques chiffres sur les VEO

Tu pourrais te dire que tout cela est exagéré et que j'en fais trop ! Malheureusement, le dernier rapport de l'IGAS de 2018 nous apprend qu'un enfant meurt tous les cinq jours sous les coups de ses parents. Un chiffre largement sous-estimé selon la Protection de l'enfance puisqu'il ne prend en compte que les homicides reconnus comme tels par la justice. Dans sa communication de 2018 sur le sujet des VEO, la Fondation pour l'enfance nous apprend que, selon une étude de 2012 :

- 85 % des parents français disent pratiquer la violence éducative ordinaire,
- 71,5 % donnent « une petite gifle »,
- Plus de la moitié des parents interrogés frapperaient leurs enfants avant l'âge de deux ans, les trois quarts avant cinq ans.

Le manque d'informations sur la question ne favorise pas la prise de conscience. Une autre étude réalisée par mpedia* en 2021 révèle que 33 % des parents ne savent pas que les VEO sont interdites en France, 36 % ignorent ce qu'elles regroupent et 43 % souhaiteraient changer leurs comportements. C'est pour cela que nos enfants ont besoin que ce sujet soit pris au sérieux.

* Mis en place par l'Association française de pédiatrie ambulatoire, www.mpedia.fr est un site Internet grand public dédié à la santé de l'enfance et à la parentalité.

## *Cas particulier : le syndrome du bébé secoué*

La Sécurité sociale définit le syndrome du bébé secoué comme « un traumatisme crânien non accidentel, entraînant des lésions du cerveau. Il survient lorsque l'on secoue violemment un bébé ou un jeune enfant. Le plus souvent, ce drame arrive lorsque la personne qui s'occupe de l'enfant est exaspérée par ses pleurs ». La plupart du temps, ce geste est commis sans volonté de blesser. Je souhaite donc en profiter pour te rappeler de veiller à ton état et à celui de la mère. Prendre soin de vous, c'est prendre soin de l'enfant. Tu trouveras plus d'infos à ce propos sur le site www.stopbebesecoue.fr.

## *De nombreuses conséquences*

Ce que l'on sait, c'est que les VEO créent des situations de stress chez l'enfant. Or, selon les travaux des chercheurs Paul Lombroso et Bruce McEwen, « l'exposition au stress entraîne une production accrue de cortisol, une hormone qui nuit, lorsqu'elle est présente en trop grande quantité dans l'organisme, au bon développement des connexions neuronales et qui fragilise les zones du cerveau essentielles au développement de l'enfant que sont le cortex frontal et l'hippocampe ». Ces travaux sont confirmés par une étude du professeur Martin Teicher, de l'université de Harvard, qui a montré que les violences physiques ou psychologiques envers l'enfant fragilisent l'hippocampe. Les VEO peuvent donc causer des troubles de l'apprentissage et de la mémorisation, et augmenter le risque d'échec scolaire.

En 2014, le même auteur a montré que la perturbation des connexions neuronales entraînées par les violences éducatives expliquait l'apparition de certaines pathologies psychiatriques et comportementales. Enfin, une méta-analyse de Rebecca Waller, passant en revue une trentaine d'études scientifiques, a montré que les violences commises sur les enfants favorisaient les conduites sociales problématiques, voire déviantes : agressivité, vols et consommations à risque.

Tout dépend de la fréquence, en fait. Très concrètement, si tu es excédé et crie sur ton enfant, tu ne vas rien cramer du tout. Le lien d'attachement sécure va connaître une légère perturbation mais se réparera très vite. En revanche, si ton rapport avec ton enfant inclut des violences physiques et/ou psychologiques répétées, alors oui, tu vas faire des dégâts. Et aussi : lui apprendre à réagir par la violence.

Astuce

## Que faire si ça t'arrive ?

Et ça arrivera. Tu en auras au moins l'envie ou la pensée. Difficile de donner une réponse générique à cette question.

***Avec l'enfant :***

Reconnaître l'erreur et te dire que cela n'aurait pas dû se produire me paraît important. Car sinon l'enfant risque de penser que la violence peut être méritée, et aussi d'associer amour et violence.

S'excuser n'est pas une preuve de faiblesse mais un moment d'apprentissage pour l'enfant, qui peut alors comprendre que ses parents ne sont pas parfaits et savent réagir de manière respectueuse après avoir eu un comportement inapproprié. J'ai encore en mémoire une discussion avec un enfant de dix ans dont les parents exigeaient des excuses (à tort ou à raison, on s'en fout) qui me répond : « Eux, quand ils ont tort, ils ne s'excusent jamais. »

« Nos enfants deviennent tels qu'ils nous voient », c'est aussi pour cela que se jeter au sol en se flagellant n'est pas non plus efficace. Parler de nos comportements et de ce qui les a causés sera certainement plus adapté et transmettra ce message à l'enfant : toutes les émotions sont justifiées, tous les comportements ne le sont pas.

***Te concernant :***

Tout dépend de ton vécu, mais si cela se produit souvent, il y a des professionnels de la santé mentale compétents pour traiter les sujets potentiellement non résolus dans ton parcours de vie.

### *L'importance du contexte*

Il arrive souvent que des parents avec qui j'échange me disent : « Je suis perdu : sur les réseaux, j'ai lu que laisser l'enfant seul, c'est une VEO. Mais là, j'ai envie de le frapper et je ne veux pas en arriver là. Comment je fais ? » Si on considère que tout n'est que VEO, on se retrouve avec des injonctions contradictoires qui nous paralysent et nous culpabilisent. D'où l'importance du contexte.

Exemple d'une situation rencontrée

Le jour où ma compagne a repris le travail, je me suis retrouvé seul avec ma fille, qui avait deux mois et demi. La journée a été horrible. Les crises se sont enchaînées malgré mes soins et ma proximité. Bien sûr, je savais qu'elle pleurait car sa mère était absente et qu'elle n'avait rien contre moi. Malheureusement, à la fin de la journée je n'en pouvais plus. Je donnais tout ce que j'avais et les pleurs ne cessaient pas. J'ai senti monter en moi une violence incontrôlable…

Alors j'ai posé ma fille en sécurité dans son parc, je suis allé boire un verre d'eau et marcher autour de la maison. Cela a duré en tout et pour tout cinq minutes et ça m'a fait un bien fou. Puis, je suis rentré, je l'ai prise dans mes bras et les pleurs ont cessé. Certains te diront que j'ai échoué car j'aurais dû trouver une solution sans la laisser et que je suis un mauvais parent.

En management il y a un adage qui dit « Choisir, c'est renoncer ». Il résume la pensée des personnes qui attendent une perfection, qu'elle soit professionnelle, militante ou parentale. Personnellement je l'ai toujours transformé en « Choisir, c'est assumer ». Assumer qui je suis, mon histoire, mes choix, mes imperfections et ma volonté d'avancer sur le chemin de la non-violence.

Et personne ne dit le contraire, ça tombe très bien ! Posons-nous justement la question de la violence dans la société. Qu'est-ce qui est en jeu dans les réactions violentes que nous voyons autour de nous ? La plupart du temps, elles sont le fruit d'une estime de soi faible et d'un manque de confiance en l'autre. Où est passée l'empathie ? Pris dans un environnement où l'on se compare en permanence, dès les premiers mois puis à l'école, nos enfants apprennent que l'autre – ce qu'il est et ce qu'il ressent – n'a de valeur qu'au travers de ce qu'il peut lui apporter.

Souvent, on dit que la société va mal et on éduque nos enfants de façon qu'ils s'y adaptent. Je t'invite à réfléchir à cette phrase de Jiddu Krishnamurti, un penseur indien : « Ce n'est pas un signe de bonne santé mentale d'être bien adapté à une société malade. »

### *Chez nos voisins*

D'autres cultures ont avancé sur ces questions bien avant nous. C'est le cas de la Suède, qui a interdit les VEO en 1979. Pour tout te dire, j'étais moi-même convaincu mais je restais sceptique. C'est en regardant le documentaire *Même qu'on naît imbattables* ! de Marion Cuerq et Elsa Moley (sorti en 2018, donc avant la loi française) que j'ai vu que c'était possible. Paradoxalement, ce film m'a mis une belle claque. Attention tout de même ! N'allons pas imaginer que l'on peut copier-coller les pratiques de la Suède. Les cultures sont différentes, les histoires aussi, et leur société n'est pas parfaite non plus. Elle a réalisé des choses magnifiques et a aussi connu des écueils. Mais justement, nous avons le luxe de pouvoir tirer des conclusions de leurs 40 ans d'avance. Faisons preuve d'humilité et n'allons pas renforcer le stéréotype du chauvinisme français !

Au-delà du fait qu'on peut viser plus que la simple survie pour nos enfants, cela n'implique pas que tu n'aies pas de blessures, tant physiques que mentales, notamment dans ta relation aux autres. Ton propos fait écho à une phrase que beaucoup d'entre nous avons entendue enfants alors qu'on subissait la violence : « C'est pour ton bien. » Parce que oui, la grande majorité des parents pensent vraiment bien faire en perpétuant ces violences éducatives. Bien souvent parce qu'ils n'ont pas eu les ressources pour trouver d'autres solutions. Il ne s'agit pas d'être dans la prétention de juger les contextes de vie de nos parents ou celui d'autres parents de notre génération. Une psychologue que l'on peut trouver sur les réseaux sociaux sous le pseudo @asma.psychologue le résume parfaitement sur l'un de ses posts Instagram : « Reconnaître que les méthodes éducatives de vos parents ont eu des répercussions négatives sur votre santé mentale ne fait ni de vous des enfants ingrats, ni d'eux de mauvais parents. »

Mais c'est pas possible d'être aussi maladroit !!!

Ben alors, qu'est-ce qu'il s'est passé ma grande ?

## *La notion d'adultisme*

Le terme d'*adultisme* est utilisé pour parler de l'ensemble des comportements et des attitudes fondés sur l'hypothèse que les adultes sont plus capables que les plus jeunes. Cela justifierait le fait que l'adulte puisse décider pour les jeunes sans leur accord sur ce qui les concerne. Tu vas peut-être te dire que, évidemment, tu sais mieux que lui ! En effet, tu as autant d'années d'avance sur lui que ton âge t'en donne pour savoir comment interagir avec ton environnement social. Mais le point important est de comprendre que cela touche les sujets qui le concernent *lui* et ses besoins.

Fanny Vella a réalisé un travail formidable dans son livre *Et si on changeait d'angle ?*, dans lequel elle nous montre en images ces comportements que nous reproduisons avec les enfants alors que nous ne le ferions pas avec un adulte. Cela pourrait d'ailleurs être une définition adaptée pour l'adultisme !

Un exemple que nous avons presque tous connu ou observé : « Tu ne sortiras pas de table tant que tu n'auras pas fini ton assiette ! » En toute sincérité, as-tu déjà vu un adulte dire cela à un autre adulte ?

Cet ensemble de comportements et d'attitudes, reproduit en famille et dans les institutions, crée un système d'oppression sur l'enfant. Il rejoint la grande famille des mots en -isme, comme le sexisme, le racisme ou le validisme[1] avec cette particularité de toucher tout le monde. Car tout le monde est ou a été enfant.

1. Préjugé ou traitement défavorable contre les personnes vivant un handicap.

# Le respect du consentement

Une autre notion fondamentale liée aux VEO est celle du respect du consentement. C'est un enjeu de société majeur lorsque l'on sait qu'il y a plus de 250 tentatives de viol sur les femmes par jour en France[1], chiffre auquel il faudrait ajouter les agressions sexuelles. En sachant ça, nous ne pouvons que constater que le consentement libre et éclairé n'est pas omniprésent dans notre culture.

1. Source : « Les chiffres de référence sur les violences faites aux femmes », www.arretonslesviolences.gouv.fr.

## Comment pourrait-il en être autrement ?

Dès le plus jeune âge, nous apprenons aux enfants qu'il faut faire un bisou à mamie, papi ou autre, qu'ils le veuillent ou non. Il n'est pas rare non plus qu'on leur pince la joue ou qu'on leur touche les cheveux et que ce soit toléré. Garçon comme fille, on leur transmet que leur corps est la propriété de la personne en situation de pouvoir sur eux. Très franchement, si tu as une fille, tu vas sûrement te dire qu'il faut que tu lui apprennes à se protéger. C'est bien que nous-mêmes, les hommes, connaissons la menace. Quand elle sortira avec ses copains tu craindras peut-être qu'elle se fasse agresser sexuellement. Cela implique donc qu'il y aurait un agresseur. Penses-tu que les parents de ce garçon craignent qu'il agresse ? Serions-nous dans cette peur, toi et moi, le cas échéant ? Pour autant les parents ne sont pas les seuls en cause. L'environnement pèse bien lourd dans les stéréotypes et les représentations de nos enfants. On peut juste leur faire comprendre l'importance du sujet. Respecter le consentement de nos enfants, c'est leur donner la possibilité de respecter celui des autres.

Il y a bien évidemment des moments où il faut s'en passer. Déjà, lorsque l'enfant n'est pas capable de l'exprimer. Un nourrisson qui porte une couche a besoin qu'on la change quand elle est souillée. Qu'il apprécie le moment ou non, il faut le faire. Parfois, c'est aussi contextuel : tu dois aller à un rendez-vous important, tu es pris par le travail… bref, les contraintes de la vie. Quoi qu'il arrive, si nous passons outre son consentement, nous n'avons pas besoin de crier ou de réagir avec violence. L'enfant a le droit d'exprimer ses émotions. Et au tout début, il le fera principalement en pleurant. Il y a d'autres moments où l'on peut remettre en question la pratique commune. Par exemple, en évitant de l'amener se faire couper les cheveux alors qu'il n'en a pas exprimé l'envie et qu'il souhaiterait au contraire les garder longs.

Faisons le tour de quelques exemples vécus qui sont, pour moi, des situations où l'on peut se passer du consentement, notamment parce qu'ils impliquent ta responsabilité parentale avant la volonté de ton enfant.

## Le lavage de nez

Si tu ne sais pas encore ce que c'est, il s'agit de nettoyer les sinus de ton bébé avec de petites pipettes remplies de sérum physiologique ou de lait maternel (ça marche aussi très bien !). Une infirmière puéricultrice pourra te montrer la technique. C'est une procédure à appliquer afin que ton bébé ne développe pas de forme plus grave de maladie que les sinus bouchés par exemple. Administrer le traitement pour la santé de ton enfant, c'est de ta responsabilité. Oui, ce n'est pas agréable. Je me rappelle très bien la première fois que je l'ai fait seul. Entre la culpabilité d'avoir l'impression d'infliger une torture à mon enfant (ce qui n'est pas le cas, finalement), la difficulté de réaliser le geste technique et le doute de bien le faire ou non… j'en suis ressorti les larmes aux yeux en me demandant si je n'avais pas fait plus de mal que de bien. Cela dit, ce n'est pas parce que le moment n'est agréable pour personne que nous avons besoin d'en rajouter. Après un petit instant pour souffler, j'ai tout de suite repris ma fille contre moi pour accompagner ses pleurs.

## La voiture sur la route

Un jour, ton enfant se déplacera, et ira sûrement là où il ne doit pas aller. Il va peut-être vouloir toucher un élément dangereux ou courir vers la route alors qu'une voiture arrive, par exemple. Ta responsabilité est d'intervenir. La priorité est de mettre ton enfant en sécurité. Dans le cas de la voiture, le ramener sur le trottoir, par exemple. Peut-être que, dans la panique, tu le saisiras trop fort par le bras. Cette intervention soudaine peut lui faire peur, mais une fois le danger écarté tu peux prendre le temps de lui expliquer et le rassurer (voir plus loin).

### La coupe des ongles

Sur les réseaux, tu tomberas certainement sur la situation des ongles trop longs. Tu ne vois peut-être pas encore le problème, pourtant c'est un sujet épineux ! Certains ne les coupent pas du tout, c'est leur choix et il se respecte. À titre personnel, j'ai préféré les couper pendant le sommeil de ma fille, malgré les jugements. Tout simplement parce qu'il s'agit de sa santé (je n'ai pas envie qu'elle se retourne l'ongle), et aussi du respect d'autrui, moi en l'occurrence. Franchement, les petites mains innocentes, c'est mignon mais ça peut aussi te déchirer la peau quand c'est griffu.

Il n'est jamais facile de composer avec tous ces paramètres. Tu pourras ressentir beaucoup de choses : de la colère, de la culpabilité, de la honte… tu pourras même te dire que c'est un sale petit ingrat parce que tu fais de ton mieux ! Oui, mais lui n'a pas demandé à être là. Profitons-en pour casser un mythe : les enfants ne doivent rien à leurs parents. Ils n'ont pas demandé à exister. Cela ne veut pas dire non plus qu'il ne doit pas y avoir de respect, mais ça, c'est un autre sujet.

Avant tout, je t'invite à vraiment te demander ce que tu mets derrière le mot *respect*. Le Robert en donne la définition suivante : « Sentiment qui porte à accorder à quelqu'un de la considération en raison de la valeur qu'on lui reconnaît. » Bonne nouvelle, ton enfant te respecte déjà. La valeur qu'il t'accorde dépasse tout ce que tu peux imaginer. Il t'aime tel que tu es, depuis le premier jour de votre rencontre. En revanche, il ne connaît aucun des codes sociaux pour exprimer son respect et surtout il est trop jeune pour prendre en considération d'autres besoins que les siens. Oui, ce n'est pas sympa mais il fait de son mieux avec son cerveau immature en construction. Tout comme tu fais de ton mieux dans ton nouveau rôle de parent.

### *Le respect : qu'est-ce que c'est ?*

Mettons les pieds dans le plat : derrière le mot *respect*, ne mettons-nous pas bien souvent le mot obéissance ? Toujours selon Le Robert, *obéir* signifie : « Se soumettre à (quelqu'un) en se conformant à ce qu'il (elle) ordonne ou défend. »

C'est à toi de décider si tu veux transmettre à ton enfant la soumission ou le respect. Si tu veux être respecté, alors respecte-le. L'imitation est un puissant levier de transmission. Souviens-toi, ils deviennent tels qu'ils nous voient.

Idée reçue

#### « On va en faire un enfant roi ! »

Permets-moi de tout de suite préciser une chose importante. Il ne s'agit pas que l'enfant ait tous LES droits mais qu'il ait tous SES droits. En premier lieu, celui de ne pas subir de violences physiques ou psychologiques. Le livre illustré de Soline Bourdeverre-Veyssiere *Moi aussi j'ai des droits* permet d'aborder le sujet en douceur pour les enfants comme pour les adultes.

Je te parle donc ici d'éducation positive (aussi appelée bienveillante, respectueuse, éclairée...). Celle-ci est définie par le Conseil de l'Europe depuis 2006 comme étant « un comportement parental fondé sur l'intérêt supérieur de l'enfant qui vise à l'élever et à le responsabiliser, qui est non violent et lui fournit reconnaissance et assistance, en établissant un ensemble de repères favorisant son plein développement ». Tout un programme ! Ce que tu peux retenir, c'est que l'existence d'un cadre n'est nullement remise en question. C'est la violence du cadre qui l'est.

### Comment réagir ?

Revenons sur les situations précédemment évoquées. Les limites qui font partie de mon cadre sont : la santé, la sécurité et le respect d'autrui. Maintenant que nous avons redéfini ces notions, développons-les au cas par cas.

#### Le lavage de nez

Rappelle-toi que toutes les émotions sont acceptables, mais que tous les comportements ne le sont pas. Cette règle est valable dans les deux sens : ma fille a le droit d'avoir peur et de l'exprimer. J'ai le droit d'être complètement perdu et d'avoir envie de lui hurler de se calmer. Passer à l'acte ne résoudra pas la situation. En revanche, me montrer rassurant malgré le traitement fait passer un message cohérent en termes d'attachement. Là, on peut dire que c'est pour son bien.

#### La voiture sur la route

Face à ma peur, en plus d'avoir serré son bras trop fort, j'ai aussi crié « Attention ma chérie ! ». Une fois contre moi et en sécurité, j'ai eu envie de lui crier qu'il fallait faire attention, qu'elle était inconsciente et idiote ! Mais n'avait-elle pas déjà eu assez peur, comme moi ? Nous nous sommes assis calmement. Elle a pleuré dans mes bras. Je lui ai expliqué la situation que j'avais vécue, ce que j'avais ressenti et la façon dont j'avais réagi. En essayant de ne pas lui dire que c'était sa faute. Ça n'aurait aucun intérêt pédagogique.

#### La coupe des ongles

Ajoutons une nuance à ce que je t'ai déjà dit à ce propos. Forcément, quand elle dormait, ça se passait bien ! Plus tard, nous avons aussi réussi à lui couper les ongles éveillée. Le déclencheur a été le suivant : nous jouions avec elle, sa main est passée sur mon visage et m'a griffé. Ce comportement a été stoppé net[1] et nous lui avons expliqué que pour continuer à jouer ainsi, il fallait couper ses ongles. Nul chantage ici, simplement le respect de l'autre comme cadre. Libre à elle de choisir, mais le cadre ne change pas : c'est un repère. Elle a choisi ce jour-là de nous laisser lui couper les ongles et a tout de suite vérifié si, en effet, elle pouvait repasser ses mains sur mon visage (avec plus ou moins de douceur !).

Ce dernier point est important, d'ailleurs. L'enfant va tester le cadre. Pas pour te provoquer. Pas pour remettre en question ta position. Simplement car il est dans sa nature d'explorer. Dans le podcast *Papatriarcat*[2], Marion Cuerq donne un exemple que j'aime

1. Une réaction ferme et immédiate n'implique pas nécessairement de violence !

2. Épisode 4, « Changer sur les VEO, c'est changer de société » (2020).

beaucoup. Elle explique que si nous étions enfermés dans une pièce dans le noir, l'un de nos premiers réflexes serait d'en tâter les murs avec les mains avec plus ou moins de force pour déterminer les limites de l'espace. C'est pareil avec l'enfant et le cadre. D'autant qu'au fur et à mesure de ses acquisitions motrices et cognitives, le cadre va évoluer.

Au risque de te choquer, je dirais que parfois cela peut être utile. Dans le cadre éducatif, crier sur son enfant est une forme de violence. Cela n'apporte rien, si ce n'est de provoquer la peur. Dans cette situation, notre cerveau reptilien nous propose trois façons de réagir : on attaque, on fuit ou on se fige. Là, tu peux reconnaître les réactions que tu as toi-même observées et vécues. Tu peux aussi te demander si tu as envie d'être respecté ou si tu as envie d'être craint par ton enfant.

Cependant, il peut aussi y avoir des situations où crier a du sens, faute de mieux. Je reviens sur mon exemple précédent d'un élément dangereux dans le foyer. Ma fille venait d'apprendre à se mettre à quatre pattes et était très proche d'une prise de la maison que je n'avais pas sécurisée. Visiblement, elle allait explorer le goût qu'elle avait, bouche grande ouverte. J'étais trop loin pour intervenir physiquement. Alors, en me rapprochant, j'ai crié : « STOP ! ». Elle s'est figée, m'a regardé et s'est mise à pleurer. Je l'ai prise contre moi pour accueillir sa peur et la sécuriser et c'est passé très vite. Elle ne m'avait jamais entendu crier. Certains pourraient dire que je suis un mauvais parent car je n'avais pas remis le cache de la prise après avoir passé l'aspirateur. Tout ce que je sais, c'est que j'ai fait le choix de hausser la voix pour préserver sa sécurité dans le contexte de cette situation.

# Le caprice

Voilà une notion qui a fait grand bruit lorsque le docteur Catherine Gueguen a expliqué dans son livre *Pour une enfance heureuse* que les caprices n'existaient pas. Que n'avait-elle pas écrit ! Cette affirmation percute de plein fouet des croyances bien ancrées. Qui n'a jamais entendu le fameux « Arrête tes caprices ! » ? Une expression utilisée dès qu'un enfant a un comportement qui ne convient pas ou qu'il n'obéit pas. Pourtant, quand on regarde la définition de *caprice*, on trouve : « volonté soudaine, irréfléchie et changeante de quelqu'un ». Ça ressemble bien à ce que l'on appelle une tempête émotionnelle ! L'enfant, pris dans un besoin, dans une activité ou dans une volonté, lutte de toutes ses forces pour lui résister, submergé par ses émotions.

## Le mythe de l'enfant manipulateur

Pourtant, cette remarque induit l'idée qu'un caprice serait une manipulation de l'enfant, qui voudrait plier l'adulte à sa volonté. Fichue progéniture démoniaque ! Mais comme l'écrit le docteur Gueguen, cette vision de l'enfant a été totalement biaisée par des siècles de croyances sociales, culturelles et religieuses. Non, ton enfant ne te manipule pas. Du moins, il n'en sera pas capable avant plusieurs années[1]. Tout simplement parce que son cerveau ne peut pas gérer ce genre de choses pour le moment. Il est beaucoup trop occupé à traiter toutes les nouvelles informations qui le nourrissent en permanence. Dis-toi que son cerveau passe de 400 grammes à la naissance à 1 kilo à un an[2] ! Cela lui demande une énergie incroyable. Alors désolé, mais aucune part de cette énergie n'est destinée à te manipuler. Dans ce contexte, nous pouvons dire que les caprices n'existent pas.

1. Si on prend pour point de départ la maîtrise des émotions, Stéphanie Damou-Sabry estime cet âge aux alentours des six-sept ans dans *L'Obéissance sans cris ni punitions*.

2. Selon le professeur Allan Schore dans le documentaire *Le Cerveau des enfants* de Stéphanie Brillant.

# Les émotions de l'enfant

Toutes les émotions ont un rôle à jouer, tant pour l'enfant que pour l'adulte. Celles qui sont présentes dès la naissance sont celles liées à la survie, notamment la peur. Le système de communication du bébé se résume aux pleurs. En même temps, il n'a que ça ! Il est submergé par ses émotions et surtout par les réponses physiologiques qu'elles déclenchent (cortisol, adrénaline, dopamine). Son cerveau immature n'est pas encore capable de réguler quoi que ce soit sur le sujet.

## Comprendre nos propres émotions

Ce qui peut être compliqué pour nous, c'est de se retrouver en position de devoir accueillir les émotions de l'enfant alors que nous ne savons déjà pas quoi faire des nôtres. Comme le dit Armella Leung : « C'est comme voir son enfant se noyer alors qu'on ne sait pas nager[1] ! » Tu l'as sûrement compris, pour accompagner ton enfant au mieux, il est plus efficace de commencer par s'occuper de soi et d'apprendre à nager. S'il nous arrive d'avoir des réactions non souhaitées et regrettables, c'est bien souvent parce qu'à l'intérieur de nous aussi c'est le bazar et que tout est en l'air !

1. Dans le podcast *Papatriarcat*, épisode 44 « Les émotions de l'adulte et du parent » (2021).

Astuce

## Ma réaction est-elle pertinente ?

J'aimerais partager avec toi ma petite astuce perso. Celle qui m'aide depuis le tout début de ma paternité pour savoir si ma réaction est pertinente ou non.

Face à une situation déroutante qui joue sur tes nerfs, demande-toi : « C'est quoi l'enjeu ? ».

Si la réponse est que tu veux simplement te faire obéir, alors passe à autre chose.

Si la réponse est liée à un élément de santé, de sécurité, de respect ou autre élément incontournable, alors essaie de trouver une stratégie.

Par exemple, à l'époque où je devais prendre le train pour aller travailler, je retrouvais souvent ma fille fascinée par son jeu… pile au moment de partir. La situation m'agaçait car pour elle, son jeu était plus important que moi et que mes contraintes. La première stratégie qui me venait en tête était de la prendre et de tout laisser là. Finalement, avec juste quelques secondes de recul, on embarquait simplement le jeu dans la voiture. Tu verras que, parfois, on peut se casser la tête pour pas grand-chose !

# La confiance inconditionnelle

André Stern nous donne une piste pour visualiser notre relation à l'enfant autrement :

Je t'invite à prendre le temps de dire ces mots, dans ta tête, à voix haute, à toi-même, à ton enfant. Et au-delà de les prononcer, incarne-les dans tes gestes, ton attitude et tes postures. C'est ce qui te permettra de tisser un lien puissant basé sur l'amour inconditionnel. Cela peut être perturbant car la plupart d'entre nous ont grandi dans la croyance que l'amour, même de nos parents, est conditionné. Nous avons pu percevoir ces conditionnements au travers de leurs attitudes par exemple et sur différents sujets :

▶ « Je t'aimerais plus si tu dormais plus », lorsque nous ne faisions pas nos nuits, comme tous les enfants.

▶ « Je t'aimerais plus si tu jouais avec un camion », lorsque nous, garçons, préférions jouer avec une poupée.

▶ « Je t'aimerais plus si tu étais invisible », lorsque nous devions être sage.

▶ En d'autres mots : « Je t'aimerais plus si tu correspondais à mes attentes, si tu étais différent de ce que tu es. »

## *Avoir confiance pour donner confiance*

Ces mécanismes créent un déséquilibre dans le lien avec nos enfants, qui se construisent alors avec l'image que pour être suffisants en tant qu'êtres, ils doivent se plier à des injonctions extérieures à eux-mêmes. L'estime de soi en prend un sacré coup. C'est ainsi que nous pouvons chercher à « faire entrer des choses dans l'enfant[1] » au lieu d'observer ce qu'il en émerge spontanément.

À l'inverse, la confiance inconditionnelle s'appuie sur l'idée que nous aimons notre enfant quoi qu'il arrive et que nous lui faisons confiance, même si le chemin emprunté et le résultat nous surprennent. C'est aussi dans ce contexte de soutien inconditionnel que l'enfant pourra laisser s'épanouir complètement la formidable énergie de l'enthousiasme, moteur essentiel à ses acquisitions.

Nous limitons cette confiance en mettant nos enfants dans des cases, allant même jusqu'à leur coller des étiquettes. Ainsi, lorsqu'il rechignera à dire bonjour car il attend de se sentir en sécurité, il sera *timide*. Lorsqu'il aura un grand besoin de mouvement, il sera *casse-cou*. Lorsqu'il aimera le calme, il sera *sage*. Dès lors nos enfants reproduiront ces comportements qui renforceront nos réactions et les mettront pour de bon dans des cases.

## *Pas besoin de viser la perfection !*

Encore une fois, c'est facile à dire mais bien plus compliqué à faire. Alors lorsque l'on parle de bienveillance, très souvent on oublie de se l'appliquer à soi-même et parfois à ceux qui font différemment. Là aussi, nul besoin de rechercher la perfection. Des erreurs seront faites. Je ne connais pas un parent qui n'ait pas placé un adjectif sur son enfant. Cela arrive. C'est le fait de le répéter qui ancre l'information. Mais les erreurs ne sont pas à fuir : elles sont la clé de tout apprentissage ! Attends de voir ton bébé apprendre à se mettre debout et de constater le nombre de fois où il recommence en variant sa stratégie. Sois sûr d'une chose, c'est que malgré tes erreurs, tes imperfections, ton enfant t'aime parce que tu es comme tu es.

---

1. André Stern dans le podcast *Paparriarcat*, épisode 13, « L'enfant est un géant » (2020).

# Place à la pratique !

Pour créer du lien et développer la confiance inconditionnelle, certaines pratiques ont été théorisées et se sont répandues. Bonne nouvelle : elles sont, pour la plupart, très accessibles ! Faisons un petit tour de ce que tu pourrais appliquer.

## Le jeu libre

Le jeu est certainement l'activité la plus sérieuse pour l'enfant. Tu remarqueras d'ailleurs assez vite à quel point il est compliqué de le sortir d'un jeu. Souvenez-vous des fois où vous vous êtes plongé dans un jeu en oubliant le reste du monde, fasciné. Ça vous est souvent arrivé en étant enfant, et même encore adulte !

Le jeu libre est un concept extrêmement simple à appliquer : il s'agit de laisser faire l'enfant. L'idée principale est d'utiliser un objet de la façon dont il a envie et pas forcément tel que ça a été prévu. Tu connaîtras bientôt les joies de voir ton enfant passer un temps fou à jouer avec le carton du super cadeau que tu lui as offert. Ou encore lorsqu'il découvre le jeu des formes à faire rentrer dans le trou correspondant… mais qu'il décide de toutes les empiler !

Quel est l'enjeu ? Sûrement pas de faire plaisir à l'adulte qui veut à tout prix voir l'enfant jouer d'une certaine façon. Le principe du jeu libre consiste à laisser l'enfant explorer comme il en a envie. Tu pourras d'ailleurs être surpris par les trésors d'ingéniosité qu'il peut déployer !

## *La motricité libre*

La motricité libre est un concept qui a été développé dans les années 1960 par le docteur Emmi Pikler. Il repose sur l'idée qu'un bébé est capable d'apprendre à utiliser son corps et à marcher tout seul. Cet apprentissage passerait naturellement par les étapes suivantes :

- se retourner sur le ventre,
- ramper,
- avancer à quatre pattes,
- s'asseoir et se tenir assis,
- se mettre debout avec un appui,
- se mettre debout sans appui.

Cette pratique consiste à laisser l'enfant libre de ses mouvements, lui permettre d'explorer son corps et son environnement, d'expérimenter, de tâtonner… Elle lui permet de développer une meilleure conscience de lui-même et de ses capacités. Elle favorise aussi l'estime de soi grâce à l'autonomie qu'elle lui donne.

Tu peux pratiquer la motricité libre en laissant ton bébé dans un parc à la maison pendant que tu prends ta douche, par exemple. De même, quand il grandira, sens-toi libre de lui dire que tu as peur s'il monte haut. Cela n'enlève rien à la confiance que tu lui portes. Plutôt que de dire à l'enfant qui court « Tu vas tomber ! », il est plus juste de dire « J'ai peur que tu tombes ». Un autre exemple de motricité libre, mêlée au jeu libre, est de remonter le toboggan à l'envers. Il est toujours très intéressant d'observer les enfants s'organiser dans ces cas-là !

Pour aller plus loin

## Le bain libre

Mon moment préféré, c'est le bain libre ! Fini la petite baignoire où bébé est tout serré. Il suffit de l'allonger sur le dos avec une serviette posée au fond de la baignoire adulte (ou une grande bassine). Ensuite, tu mets de l'eau jusqu'à hauteur de ses oreilles pour qu'il puisse tourner la tête sans en prendre dans le nez ou la bouche. Et c'est parti ! Quelle joie pour ma fille quand elle a découvert qu'elle pouvait étendre les bras, battre des jambes et s'éclabousser ! Cela change complètement le rapport au bain pour Bébé et pour toi.

## *La langue des signes*

Vous pouvez utiliser la langue des signes française (LSF) avec un bébé de six mois environ. Vous pourrez alors illustrer des mots courants (« manger », « dormir », « encore », « musique »...) par le geste correspondant. Vous pourrez également commencer à montrer à bébé qu'il y a plusieurs états émotionnels (joie, tristesse...).

De son côté, Bébé pourra vous répondre en signant autour de dix mois. Avec une gestuelle imparfaite, bien évidemment ! Si l'enfant est capable de comprendre plusieurs mots assez rapidement, il n'est pas encore à même de les communiquer oralement. Cette pratique peut donc limiter sa frustration. Bien sûr, il peut arriver qu'il ne signe pas, et ce n'est pas grave. Dans tous les cas, ce temps investi est précieux et consolide votre lien. Signer, c'est aussi l'occasion de transmettre la notion de langage tout en étant pleinement avec son enfant. Un chouette moment d'émotion ! Toute la famille peut participer et ça, c'est aussi un moment de partage et de découverte commune. Tu pourras trouver une affiche gratuite sur le blog de Hoptoys[1] et, si tu veux pratiquer, je te conseille Le Grand Guide des signes avec bébé de Marie Cao (@littlebunbao).

1. www.bloghoptoys.fr, « Mes premiers signes avec bébé ».

## *Les bébés nageurs*

Contrairement à ce que cette appellation laisse à penser, il ne s'agit pas d'apprendre au bébé à nager. L'idée est plutôt qu'il se sente à l'aise dans le milieu aquatique. Cette activité lui permet d'éveiller plusieurs sens dans un moment ludique avec vous. La pratique est très cadrée et le personnel formé spécifiquement. L'environnement doit respecter des règles strictes : 32 °C dans l'eau, 25 °C hors de l'eau. Sauf contre-indication médicale et une fois les vaccins à jour, il est possible de commencer dès quatre mois. C'est alors parti pour des moments d'éclaboussures, de flottaison, de jeux aquatiques et aussi d'immersion. Car, oui : Bébé peut aller sous l'eau ! Je ne te cache pas que nous étions dubitatifs à notre première séance.

Lorsque le moniteur est venu nous proposer d'essayer, nous avons répondu que nous voulions d'abord voir un autre bébé le faire devant nos yeux tellement nous étions sceptiques. Après avoir été rassurés, ce fut le tour de notre fille. Et c'est une sensation incroyable que de voir ton enfant réaliser quelque chose que tu pensais impossible ! Je regarde encore les vidéos des immersions avec émerveillement. En termes de confiance, ça envoie du lourd. Attention toutefois, l'enfant peut ne pas apprécier : c'est un environnement assez bruyant et très stimulant.

## *La diversification menée par l'enfant (DME) : c'est quoi ?*

Lorsque votre bébé aura entre quatre et six mois, le pédiatre vous parlera de la diversification alimentaire. Vous aurez droit à un programme détaillé avec des portions de légumes, de viande, de poisson, de fruits... à faire manger à l'enfant. C'est aussi là qu'interviennent les traditionnelles purées.

La DME va proposer une approche différente et peut se pratiquer à partir des six mois de l'enfant. Elle demande quelques prérequis.

### Pour le bébé

▶ Bébé tient assis avec un peu d'aide. Pas besoin d'attendre qu'il se mette assis seul.

▶ Il doit pouvoir attraper un objet et le mettre en bouche – un bon repère étant de le voir s'il le fait avec ses jouets ou non.

▶ Il montre un intérêt pour la nourriture. Par exemple, il cherche à s'en saisir lorsque vous mangez.

### Pour les aliments

▶ La texture doit être fondante. Tu peux le tester toi-même en plaçant l'aliment entre ta langue et ton palais. Si tu peux l'écraser, c'est que les gencives de ton bébé le pourront aussi.

▶ En termes de taille, il vaut mieux que ce soit trop gros que trop petit. Un repère utile est que les morceaux soient au moins gros comme le poing de bébé. C'est ok niveau sécurité et il pourra facilement s'en saisir.

▶ Les repas se font bien sûr sous l'œil attentif de l'adulte.

▶ Une fois que ces règles sont respectées, c'est parti !

18:50
Regarde ! Il arrive à manger tout seul !
18:52
Oh mon Dieu ! Mais il s'étouffe ?
18:53
RAS ! C'était juste un gag reflex !
18:55
Et on recommence !

Un des avantages de la DME est que ton enfant va pouvoir manger la même chose que vous. Cela va aussi vous permettre de faire des repas plus équilibrés ! Comme nous, vous pouvez commencer avec des brocolis vapeur, de grosses frites de patate douce et de la banane. C'est génial de voir ton bébé découvrir la forme et la texture du brocoli ! Il observe et manipule le légume entier, puis il le met à la bouche.

## *La DME en pratique*

Les premières fois, je ne vais pas te mentir, c'est compliqué. Je me rappelle très bien le second repas en DME de ma fille car j'étais seul. Je la voyais s'éclater à découvrir mais aussi avoir un « *gag reflex* ». C'est LE truc flippant en DME : un réflexe d'éjection tout à fait naturel et sécurisé lorsqu'un bout n'est pas conforme ou pas au bon endroit. Bébé semble avoir des haut-le-cœur, mais il ne s'étouffe pas du tout ! N'hésite pas à trouver des vidéos sur Internet pour te préparer. En sortant de ce repas j'ai appelé ma compagne un peu sous le choc mais avec une grande envie de continuer. J'avais eu peur, oui, mais cette sensation de confiance en ma fille était incroyable. Et cela n'a fait qu'augmenter en émerveillement ! Petite astuce : avant de vous lancer, vous pouvez suivre une formation aux premiers secours sur les enfants et nourrissons.

Cela permet de prendre confiance aussi en soi et même sans DME il est utile de connaître ces gestes.

### Astuces en vrac

Vous trouverez plein d'astuces dans des livres comme *Petites mains, grandes assiettes* d'Annie Talbot, Évelyne Bergevin et Marie-Ève Richard, et certaines orthophonistes et ergothérapeutes sont même spécialisées sur le sujet. Mais je peux t'en donner quelques-unes, par exemple :

- Pour une banane, laisser la peau sur la moitié de la longueur pour qu'elle permette une bonne préhension. Le reste se mange ou se rogne.

- Si vous pouvez, il y a quelques équipements à acheter pour éviter d'en mettre partout. Mon incontournable : les kits « bavoir et plateau », un bavoir imperméable fixé à un plateau pour combler l'espace entre Bébé et sa chaise haute et récupérer tout ce qui tombe !

- Avoir un chien est un plus pour le nettoyage du sol ! Mais dans tous les cas, je t'invite à lâcher prise sur la propreté.

- Ne te pose pas la question de la quantité. Toi, ton boulot consiste à gérer la qualité et la disponibilité. Pour le reste, c'est bébé qui sait quelle quantité il veut manger ou non. Cela permet aussi de sortir du stress de la vision repas par repas et de se projeter plutôt sur une semaine.

Une fois que nous nous sommes dit tout ça, très concrètement, cela n'empêche en rien d'avoir un petit pot pour dépanner de temps en temps ou faire découvrir la texture lisse. Cette pratique est surtout l'occasion pour l'enfant de développer sa confiance, son autonomie alimentaire et la conscience de son corps et de sa faim.

### *Aucune performance à atteindre*

Le but de ces pratiques n'est pas d'apprendre à marcher, à parler ou à nager plus tôt. Oubliez la notion de performance. Ni pour l'enfant, ni pour le parent d'ailleurs. Adopter ou non ces pratiques ne fera pas de vous un bon ou un mauvais parent. Ce sont des outils. Il s'agit juste de développer ta confiance en l'enfant pour consolider ton lien avec lui.

Autour de son premier anniversaire, certains critères peuvent venir vous mettre un peu la pression : la marche et le langage. Mais chaque enfant va à son rythme. En cas de crainte, le pédiatre est le premier interlocuteur sur le sujet. L'acquisition du langage, comme le développement de la motricité, demandent énormément de ressources au corps de l'enfant. Dans la très grande majorité des cas, ce sera l'un ou l'autre.

Par exemple, ma fille a commencé à parler très tôt. C'est chouette parce que c'est socialement plus reconnu comme compétence et ça facilite la communication au quotidien. En visite chez des amis dont le garçon avait à peu près le même âge, j'étais émerveillé de le voir grimper, sauter ou courir avec une aisance et une confiance exceptionnelles. Je ne pouvais m'empêcher de me dire que ce n'était pas le cas pour ma fille, qui parlait beaucoup certes, mais dont la motricité n'était pas aussi acquise.

En discutant avec mon ami, nous nous sommes tous les deux dit à quel point nous admirions ce qui était développé chez l'enfant de l'autre. Cela nous a fait prendre conscience que nous ne voyions plus les qualités pourtant évidentes de nos enfants respectifs. Évitons de nous comparer. Nos enfants ne sont pas là pour répondre à nos attentes. Et nous sommes là pour les aimer et les accepter parce qu'ils sont comme ils sont.

# L'éducation non genrée

Souviens-toi que lorsque l'enfant vient au monde, il sort d'un univers où tout est homogène et qu'il vient se percuter dans la diversité du nôtre. C'est ainsi qu'il arrive en découvrant un monde où les changements sont permanents et où tout n'est que différences. Chaque moment de sa vie sera rempli de l'exploration et de l'observation de ces nuances fascinantes. Pas un instant il ne se représente que l'on puisse définir ce qu'il est possible de faire ou non en fonction de ce qui se trouve entre nos jambes. Malheureusement, son environnement va très rapidement lui attribuer des compétences, des réactions et des comportements selon ce critère.

Nelson Mandela disait que « l'éducation est l'arme la plus puissante qu'on puisse utiliser pour changer le monde ». Il est aujourd'hui démontré que les stéréotypes de genre sont nocifs pour chaque individu. Ils l'enferment dans des croyances limitantes sur lui-même et sur le monde. Chercher à les combattre sans prendre en compte l'accompagnement des enfants revient à vouloir vider l'océan à la petite cuillère. C'est tout l'intérêt de ce que l'on appelle l'éducation non genrée, non sexiste ou égalitaire. Il s'agit de permettre à l'enfant d'être lui-même, indépendamment de son sexe. Cela passe par exemple par le fait de lui proposer des activités variées qui éveillent son enthousiasme, sans préjuger de sa légitimité ou non à les pratiquer.

Nous avons déjà brièvement évoqué ce sujet en deuxième partie, au moment de se poser la question de connaître le sexe du bébé et des premières projections que ça pouvait entraîner. Maintenant que Bébé est là, accroche-toi, ça risque de devenir ton quotidien !

### *Des clichés présents dès le berceau*

Avant que tu me dises « Mais non, faut pas déconner », permets-moi de te fournir quelques exemples scientifiques.

En 2016, des chercheurs[1] ont enregistré les pleurs de bébés âgés de trois mois à la sortie du bain. L'analyse de la structure acoustique des cris montre qu'il n'est pas possible de différencier ceux provenant d'une fille de ceux provenant d'un garçon. Les pleurs sont dans l'aigu, le médium ou le grave indépendamment du sexe. Il a ensuite été demandé à un groupe d'une cinquantaine d'adultes d'attribuer un sexe au bébé juste en écoutant les pleurs. Aucune hésitation dans les réponses : les plus graves seraient ceux des garçons et les plus aigus ceux des filles. Lors d'un second test avec un autre groupe d'adultes, les chercheurs leur ont demandé de se prononcer sur le degré de masculinité ou de féminité des bébés. Les hommes comme les femmes ont attribué une masculinité plus forte aux pleurs les plus graves et inversement pour les filles. Preuve que le poids du stéréotype s'applique déjà aux bébés de trois mois !

Une autre étude de 1976[2] révélait la différence de perception selon le genre. Les sujets de l'expérience ont vu sur une vidéo un bébé de neuf mois en train de jouer avec une boîte. À un moment, le couvercle s'ouvre et un bonhomme, habillé de façon totalement neutre, sort de la boîte. Le bébé se met alors à pleurer. L'auteur de l'étude a dit à la moitié du groupe que le bébé était une fille et à l'autre moitié que c'était un garçon. Il a ensuite demandé à chaque groupe, selon eux, la raison des pleurs du bébé. Le groupe qui avait comme information que le bébé était une fille a évoqué la peur pour expliquer les pleurs. Pour le groupe pensant que c'était un garçon, il s'agissait de la colère.

Nous projetons sur des bébés nos propres stéréotypes en leur attribuant des émotions spécifiques selon leur sexe, en allant jusqu'à déterminer un degré de masculinité. De fait, nous participons dès les premiers mois à la création et au renforcement de nos préjugés sexistes. Bien entendu, nous ne faisons pas exprès pour la plupart d'entre nous ! Questionner ces préjugés est déjà une belle étape.

1. David Reby, Florence Levréro, Erik Gustafsson et Nicolas Mathevon, voir bibliographie.

2. John et Sandra Condry, voir bibliographie.

### Et plus tard...

Tout l'enjeu et la difficulté sont d'aller au-delà de nos propres perceptions pour comprendre qu'un petit garçon qui porte une robe et qui a des cheveux longs... est juste un petit garçon qui porte une robe et qui a des cheveux longs. Même chose pour une petite fille qui a les cheveux courts et qui fait du football. Elle n'est pas un « garçon manqué ». D'ailleurs, tu noteras que l'expression « fille manquée » n'existe pas... Quand on regarde l'enfant pour ce qu'il est et ce qu'il aime, tout cela n'a finalement plus aucun sens.

### L'importance de la représentation

Notre posture, nos attitudes et nos comportements viennent bien souvent de codes transmis par la binarité de genre de notre société, à la maison comme ailleurs.

#### À la maison

L'expression de notre genre ne nous limite pas dans nos démarches égalitaires. Le fait d'être un homme musclé, barbu, grand, fort avec une voix très grave (je grossis le trait exprès) n'a pas à nous empêcher de prendre notre part dans les tâches familiales et domestiques ou encore les soins aux enfants. Au-delà de notre petit confort personnel, l'enjeu se trouve bien dans la société que nous voulons pour nos enfants. Fille comme garçon, quand on grandit avec un modèle masculin qui est sur le canapé en train de regarder le match pendant que Maman fait à manger une fois le ménage terminé, cela laisse des traces. En revanche, voir que chaque parent, indépendamment de son sexe, peut remplir chaque rôle dans le foyer, même si la réalisation n'est pas identique, ouvre le champ des possibles de l'enfant. S'assurer d'une répartition des tâches équitables dans le foyer, c'est aussi passer le message à nos enfants. Nos enfants deviennent tels qu'ils nous voient.

### Dans les supports culturels

La question de la représentation se pose aussi à travers le rôle attribué aux personnages masculins et féminins dans les supports culturels, comme les livres ou les histoires audio, par exemple. Certaines collections sont même spécialisées, avec des classifications « Pour garçon » et « Pour fille ». Dans les tout premiers temps, le problème peut être évité car les livres d'éveil tournent beaucoup autour de sujets comme la nature et les animaux. Difficile de poser un jugement sur tous les supports qui existent, mais je t'invite à bien lire ce que vous allez acheter ou que l'on va vous offrir.

Certaines structures se développent spécifiquement pour proposer des supports diversifiés qui permettent de lutter contre les stéréotypes. C'est notamment le cas de la librairie en ligne « Les enfants du bruit et de l'odeur ».

Toutefois, il peut être intéressant de prendre des supports qui sont stéréotypés et d'en proposer une lecture critique à l'enfant. Par exemple : « Ah tiens, ce papa on ne le voit jamais faire la vaisselle alors que la maman si, qu'est-ce que tu en penses ? »

Astuce

## Tu n'as pas besoin d'être un héros

Bye-bye l'image du papa surpuissant qui arrive tel un chevalier dans son armure étincelante pour sauver la frêle petite fille en détresse. Idem si c'est un garçon. Cette image d'Épinal fait souvent plus de mal que de bien. Si nous sommes honnêtes, entre nous, n'avons-nous pas été mis sous pression par ces injonctions à la virilité, à la force, à la puissance et à la domination ? Il est temps de faire sortir nos enfants de ces modèles qui vont les faire grandir avec la sensation qu'ils ne sont « pas assez », et nous non plus d'ailleurs. Alors oui, c'est sympa, ça fait du bien à l'ego quand on est le héros ! On peut sûrement trouver des jeux ou des histoires à vivre où l'on aide l'autre juste par empathie, voire où c'est la petite fille qui sauve le papa en détresse !

### Les jouets

Le premier sujet que tu pourrais avoir à traiter rapidement, c'est celui des jouets. Tu risques d'être surpris de voir à quel point jouer à telle ou telle chose peut être porteur de stéréotypes. Ainsi, si un garçon joue avec un poupon, Tonton Fernand te dira que tu vas en faire un homosexuel. Et là je ne grossis même pas le trait : le nombre de témoignages que tu pourras trouver est étonnant ! Cela démontre bien souvent l'homophobie ambiante et que l'on confond le genre et l'orientation sexuelle. Pourtant, il y a bien une réponse à donner à Tonton Fernand. En effet, en jouant avec un poupon, en lui donnant le bain, en le changeant, en lui faisant des câlins, ton fils risquerait de devenir… un père attentionné. C'est tout l'enjeu du jeu chez les enfants qui nourrit leur soif constante d'apprendre. Autoriser les enfants à jouer à tout, c'est les autoriser à se projeter dans tout. C'est ensuite ce qu'il y a en eux qui fera le reste. Pour te permettre de clore tout débat au sujet de savoir si ton enfant peut utiliser un jouet, voici un petit schéma :

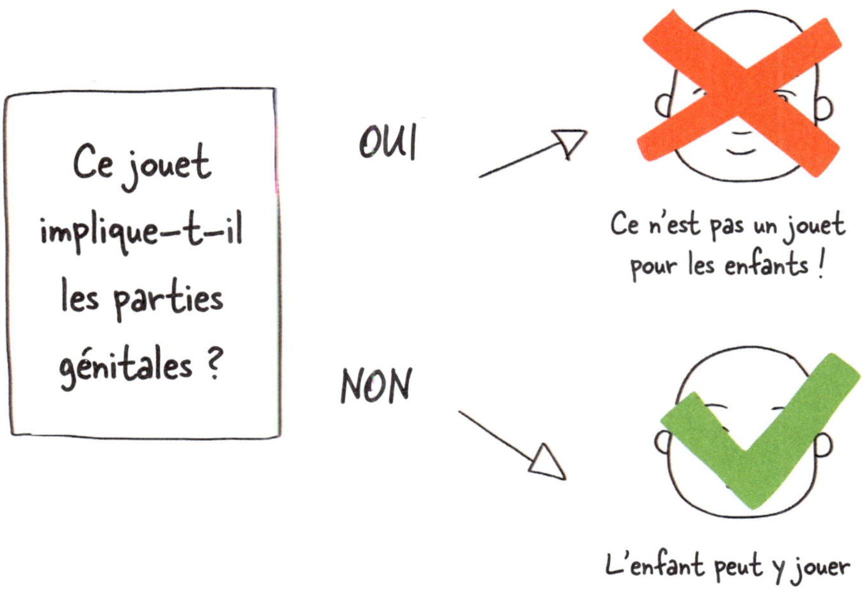

## *Les stéréotypes s'ancrent très rapidement*

Le stéréotype négatif sur soi peut aussi s'intégrer très rapidement. Selon une étude de Bian, Leslie et Cimpian de 2017, dès l'âge de six ans les filles s'identifient moins que les garçons aux personnages considérés comme « très intelligents » d'une histoire. Elles vont cependant se placer plus facilement dans la partie « gentilles ». Avoir une estime de soi assez grande pour ne pas s'imposer soi-même ces limites est un des enjeux de l'éducation non sexiste.

Effectivement ! L'approche non sexiste peut être un point à discuter avec l'assistante maternelle ou le personnel de la crèche. Les commerces aussi ont un rôle important allant des boîtes de jouets de construction représentant uniquement des garçons aux collections de vêtements spécifiques, alors que cela n'a aucun intérêt morphologique.

# Les stéréotypes raciaux

Évidemment, les stéréotypes touchent à d'autres critères que le sexe et le genre. De nombreux *a priori* ciblent la couleur de peau, les origines ou d'une manière plus globale les cultures étrangères. À l'instar du sexisme et du genrisme, ces stéréotypes s'ancrent durablement et très tôt chez les enfants.

## L'expérience des Clark

Une expérience menée et répétée depuis 1947 donne des résultats édifiants. Elle concerne des jeunes enfants noirs âgés de trois à sept ans. On leur présente quatre poupées, deux noires et deux blanches. Chaque enfant devra appliquer les consignes suivantes :

- Donne-moi la poupée avec laquelle tu aimerais jouer, la poupée que tu préfères.
- Donne-moi la poupée qui est une gentille poupée.
- Donne-moi la poupée qui est moche.
- Donne-moi la poupée qui a une belle couleur.
- Donne-moi la poupée qui ressemble à un enfant blanc.
- Donne-moi la poupée qui ressemble à un enfant de couleur.
- Donne-moi la poupée qui te ressemble.

La majorité des enfants montreront la poupée noire comme moche et pas gentille tout en disant que c'est celle qui leur ressemble. Voilà le pouvoir des stéréotypes et des représentations. Faire tellement baisser l'estime de soi que l'on intègre en nous-même que nous valons moins que l'autre sur de simples caractéristiques biologiques qui n'ont rien à voir.

Accompagner son enfant est sûrement le défi le plus passionnant et difficile qui peut s'offrir dans la vie d'un parent. Nous voulons tous et toutes le meilleur pour nos enfants mais malheureusement il n'y a pas de manuel. Certains principes de base au mieux mais jamais de solution toute faite pour l'infinité des situations que nous pouvons rencontrer. Ce parcours de la parentalité est un marathon, pas un sprint. L'amour inconditionnel que nous ressentons pour nos enfants peut nous faire nous sentir mal à la moindre « erreur », au moindre faux pas par rapport à notre objectif. Pourtant, sur le chemin de notre parentalité, un faux pas reste un pas.

# Paroles de mecs

Quand tu commenceras à t'interroger sur la manière dont tu souhaites accompagner ton enfant, il y a des chances que tu questionnes aussi la manière dont tu as été accompagné. À part dans certains cas particuliers, tu l'as été par des parents qui, comme nous, on fait de leur mieux avec les moyens qu'ils avaient en eux et autour d'eux. Tu pourras aussi te demander si réaliser l'accompagnement que tu souhaites est possible dans notre contexte socioculturel. À ce jour, pour beaucoup de monde, ce n'est pas une liberté mais un privilège. C'est ensemble que nous pourrons faire évoluer les choses en commençant par nous-même. Comme disait Gandhi : « Soyez le changement que vous voulez voir dans le monde. »

Sur ce chemin tu n'es pas seul. Nous sommes plusieurs à nous interroger sur notre parentalité et sur la façon dont nous pouvons nous considérer en tant qu'homme dans ces nouvelles représentations.
Tu peux écouter notre discussion avec André Stern, ambassadeur de l'enfance.

Maintenant... advienne que pourra !

# Conclusion

Sincèrement, je ne sais pas comment terminer ce livre. Il est difficile de parler de fin alors que c'est justement le début d'une toute nouvelle vie ! Nous avons longuement échangé sur différents sujets avec comme objectif de te donner matière à penser et arpenter ton propre chemin de père. J'espère aussi que tu pourras regarder avec curiosité le chemin des autres qui, comme toi, suivent leur propre voie du mieux qu'ils le peuvent. Ce rôle de père n'est finalement pas ce que l'on pense, ni ce que l'on nous en dit, mais ce que l'on en fait, chaque jour. Avec toute cette ambivalence propre à la parentalité qui te fait te sentir exceptionnel un jour, puis comme une bouse le jour suivant, parfois dans la même heure ou la même minute. Tu peux te rappeler lorsque ce n'est pas un bon moment que tu n'es pas seul. Il y a la mère certes, les amis, les proches, ceux que tu as choisis dans ta vie. La famille aussi bien souvent est un refuge sécurisant, mais parfois non. Les professionnels de santé sont également là pour écouter et accompagner les parents au besoin pour t'aider à te relever. Quelquefois encore, contre toute attente, c'est ton enfant qui le fera. Celui qui est si petit à nos yeux peut bien souvent être la main que l'on nous tend pour voir d'autres ramifications sur notre chemin. Une main tendue qui nous guide dans un amour et une confiance inconditionnels.

Dans tes réflexions, tu t'es peut-être dit que tout cela n'est pas réalisable dans notre société. Le jugement de valeur sur l'autre, la compétition ou la violence sont bien présents. L'environnement dans lequel nous évoluons nous façonne, si nous l'acceptons comme immuable. C'est aussi ça l'incroyable pouvoir de nos enfants sur nous-même et sur la société. Pointer du doigt des situations que nous avons rendues si complexes ou inégales alors qu'elles pourraient être si simples. La place de la parentalité et de l'enfance est un sujet de société et politique. S'il devait y avoir un enjeu pour les pères ce serait en définitive celui de comprendre qu'à travers nos actes, visibles et non visibles, nos attitudes et nos comportements quotidiens, nous changerons le monde pour en proposer un meilleur à nos enfants.

Au-delà de la paternité, c'est toute une posture d'adulte que nous avons interrogée. Certes nous avons la responsabilité de faire de notre mieux pour assurer sécurité, santé et respect à nos enfants, mais cela n'implique pas d'imposer la soumission. Cela bouscule forcément car il y a souvent ce petit sentiment d'injustice au fond de nous. Si nous avons subi cette domination, pourquoi nos enfants ne la subiraient pas ? Je vais te le dire : parce qu'ils en ont le droit. Ce n'est pas parce que ce droit nous a été refusé que cela justifie que nous répétions ce système.

Respecter ces droits c'est aussi là notre responsabilité. Prendre soin d'eux, c'est également leur apprendre à prendre soin de nous plus tard. Dans tes vieux jours, ce sera peut-être toi qui seras dépendant.

En prenant soin de toi-même, en t'accordant du temps, en te remettant en question sans te flageller et en le faisant devant ton enfant, tu lui transmets que c'est important. Le sujet de l'enfance est central si nous voulons évoluer dans une société de paix et de respect. Il est grand temps que nous, les pères, prenions nos responsabilités. Les femmes l'ont fait avant nous, pour nous. Prenons notre place à leurs côtés pour avancer ensemble. Ce travail d'introspection peut sembler compliqué mais il est essentiel.

Dans mon épisode de podcast avec André Stern, il conclut en disant qu'« il n'y aura pas de paix sur terre tant qu'il n'y aura pas de paix avec l'enfance ». Je voudrais compléter ce propos en ajoutant « il n'y aura pas de paix avec l'enfance tant que nous ne serons pas en paix avec nous-mêmes ».

Bon chemin, bon voyage.

# Bibliographie


- Caroline Guillot, *Manuel très illustré de l'allaitement*, éditions First, 2020
- Leslie Lucien, *À l'écoute de la naissance — Récit d'une doula*, éditions First, 2021

### *Sur les enjeux de société autour de la paternité :*

- Violaine Dutrop, *Maternité, paternité, parité,* Éditions du Faubourg, 2021
- Sylviane Giampino, *Pourquoi les pères travaillent-ils trop ?*, Albin Michel, 2019

### *Sur l'éducation non sexiste, non genrée :*

- Aurélia Blanc, *Tu seras un homme – féministe – mon fils,* Marabout, 2018
- Soline Bourdeverre-Veyssiere, *Filles, garçons. Pour une éducation non genrée et sans,* Hatier, 2021
- Amandine Hancewicz et Manuela Spinelli, *Éduquer sans préjugés,* JC Lattès, 2021
- Elisa Rigoulet et Pihla Hintikka, *Fille-garçon, même éducation,* Marabout, 2020
- Elisa Rigoulet et Pihla Hintikka, *30 discussions pour une éducation antisexiste,* Marabout, 2020

**_Sur la parentalité positive/L'accompagnement de l'enfant :_**

- Soline Bourdeverre-Veyssiere et Chloé Fruy, *Je peux te faire un bisou ?, Il était un ebook Il était un bouquin*, 2019
- Marie Cao, *Le Grand Guide des signes avec bébé,* Marabout, 2020
- Catherine Dumonteil Kremer et Lise Desportes, *La Parentalité créative,* éditions First, 2021
- Isabelle Filliozat, *Au cœur des émotions de l'enfant,* Marabout, 2019
- Nadège Petrel, *Partager le meilleur avec mon enfant,* Eyrolles, 2021
- Céline Quelen, *Le Décodeur des VEO,* éditions First, 2021
- Heather Shumaker, *Parents, rebellez-vous ! Stop à la pression du parent parfait,* JC Lattès, 2021
- André Stern, *Jouer,* Actes Sud, 2011
- André Stern, *Tous enthousiastes !,* Albin Michel, 2018
- Annie Talbot, Évelyne Bergevin et Marie-Ève Richard, *Petites mains, grandes assiettes,* éditions La Semaine, 2017
- Élisabeth Badinter, *L'Amour en plus,* Flammarion, 1980
- Daniel Siegel et Tina Payne, *L'attachement,* Les Arènes, 2021
- Sophie Baconin, *Les Secrets du post-partum,* Jouvence, 2021
- Camille Bataillon, *Réinventer sa vie intime après bébé,* Kiwi, 2021
- Ingrid Bayot, *Le Quatrième Trimestre de la grossesse,* Eres, 2018
- Marianne Bertrel, *Le Guide complet des couches lavables,* Thierry Souccar, 2020
- Soline Bourdeverre-Veyssiere, *Moi aussi j'ai des droits,* Le Hêtre Myriadis, 2019
- Stéphanie Damou-Sabry, *L'Obéissance sans cris ni punitions,* Hatier, 2019
- Michaeleen Doucleff, *Chasseur, cueilleur, parent,* Leduc, 2021

- Dr Catherine Gueguen, *Pour une enfance heureuse,* Pocket, 2015
- Rokiyah Hosen, *L'Hygiène naturelle infantile,* Leduc, 2021
- Fanny Vella, *Et si on changeait d'angle ?*, Ailes et Graines, 2020
- Illana Weizman, *Ceci est notre post-partum,* Marabout, 2021
- Héloise Junier et Christophe Besse, *Ma vie de bébé,* Dunod, 2021
- Le site de Virginie Maillard, www.bougribouillons.fr
- Le site de Marie Ruffier-Bourdet, ergothérapeute, www.ergomums.com

## Podcasts

- *Les Couilles sur la table* (la série sur la paternité au début de la saison 4)
- *Histoires de darons*
- *La Matrescence*
- *Les enfants du bruit et de l'odeur*
- *Papatriarcat*

## Films/docu

- *Alphabet,* Erwin Wagenhofer, 2015
- *Le Cerveau des enfants,* Stéphanie Brillant, 2018
- *Même qu'on naît imbattables !*, Marion Cuerq et Elsa Moley, 2018
- *La Voie lactée,* Jon Fitzgerald, 2017

## Articles et études

- « Allaitement et féminisme » par Claude Didierjean-Jouveau, www.claude-didierjean-jouveau.fr, 2016
- *Le Père à l'épreuve de la prématurité,* thèse de Marie-Élisabeth Fisher, 2012

- Études longitudinales sur l'attachement : « Early care and the roots of attachment and partnership representations in the Bielefeld and Regensburg longitudinal studies » *in* Klaus E. Grossmann, Karin Grossmann et Everett Waters, Attachment from Infancy to Adulthood. *The Major Longitudinal Studies,* Guilford Press, 2005, pp. 98-136
- Étude sur la DPP des mères 2021, www.sciencedirect.com
- Étude de la DPP des pères 2021, www.monz.pl
- Monique Haicault, « La Charge mentale. Histoire d'une notion charnière (1976-2020) », Laboratoire d'économie et de sociologie du travail, 2020
- Méta-analyse de Rebecca Waller sur les conséquences comportementales des VEO : Rebecca Waller *et al.*, « What are the associations between parenting, callous-unemotional traits, and antisocial behavior in youth ? A systematic review of evidence », *Clinical Psychology Review,* 2013, 33, pp. 593-608
- Sur la sanction économique de la maternité pour les femmes : Michelle J. Budig, « The Fatherhood Bonus and the Motherhood Penalty : Parenthood and the Gender Gap in Pay », University of Massachusetts, 2014
- Paul Lombroso et Bruce McEwen, « Development of the cerebral cortex : XIII. Stress and brain development : II », J. Am. Acad. Child Adolesc. Psychiatry, 1999
- David Reby, Florence Levréro, Erik Gustafsson et Nicolas Mathevon, « Sex stereotypes influence adults' perception of babies' cries », *BMC Psychol,* 2016
- Lin Bian, Sarah-Jane Leslie et Andrei Cimpian, « Gender stereotypes about intellectual ability emerge early and influence children's interests », *Science,* vol. CCCLV, n° 6323, 27 janvier 2017
- John Condry et Sandra Condry, « Sex differences. A study of the eye of the beholder », *Child Development,* 47 (3), septembre 1976
- Clark Kenneth B. & Clark Mamie P. "Racial identification and preference among negro children." In E. L. Hartley (Ed.) Readings in Social Psychology. New York: Holt, Rinehart, and Winston, 1947

# Remerciements

Merci à ma fille Sarah de m'aimer parce que je suis comme je suis et d'avoir changé ma vie ! Même pour les moments difficiles.

Merci à sa mère, Noëlla, pour cette équipe que nous formons, aussi imparfaite que remplie d'amour.

Merci à chaque personne que j'ai croisée sur mon chemin de vie pour l'expérience qu'elle m'a donnée.

Merci à Fabrice, Frédéric, Samuel et André d'avoir donné de leur temps et de leur énergie pour les échanges entre pères.

Merci à toi qui lis ce livre, en espérant peut-être te retrouver sur un chemin de réflexions et d'aspirations communes.

Souviens-toi que peu importe la distance parcourue, l'essentiel est le sens du chemin.

# Dans la même collection

ma petite famille

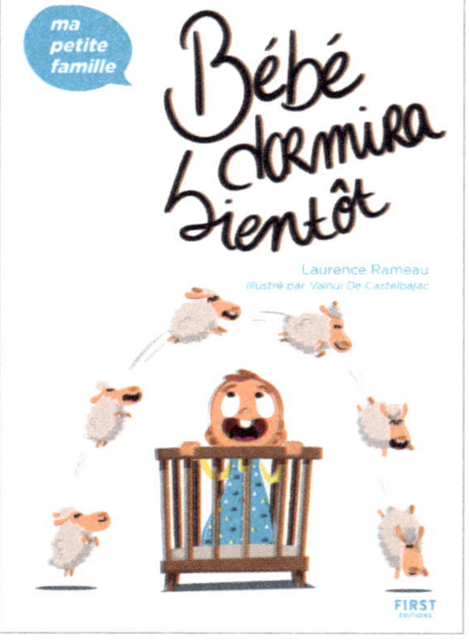